ちくま新書

K-POP現代史

——韓国大衆音楽の誕生からBTSまで

山本浄邦
Yamamoto Joho

1722

K-POP現代史——韓国大衆音楽の誕生からBTSまで【目次】

第3章 K-POPの誕生と越境――民主化・ネット社会・韓流 119

第4章　ソーシャルメディア時代のK－POPブーム
——少女時代・KARA・TWICE・NiziU

はじめに――Ｋ‐ＰＯＰとは何か

†ＢＴＳが「活動休止」⁉

いま、世界の音楽界を席巻しているＫ‐ＰＯＰ。そのなかでも特に注目されているグループは、何といっても七人組ボーイズグループのＢＴＳ（防弾少年団《バンタンソニョンダン》）であろう。

ＢＴＳは二〇一三年六月に韓国でデビューした。それ以来、活動の場を全世界に広げ洋楽のポップスターたちと競合しながら、二〇二一年のＡＭＡ（アメリカン・ミュージック・アワード）では大賞に相当する「アーティスト・オブ・ザ・イヤー」を受賞、翌二〇二二年には二冠に輝き、五年連続受賞という快挙を成し遂げた。

二〇二二年六月一四日、そのＢＴＳが活動を休止するというニュースが各国メディアによって報じられ、激震が走った。ＢＴＳ公式 YouTube チャンネルにアップされたメンバーたちによるトーク番組「ＦＥＳＴＡディナー」で、メンバーの一人シュガによる発言

「オフに入る」の「オフ」につけられた英語字幕が「中断」を意味する「hiatus」となっていた。

これによって、彼らがグループ活動を中断・休止してしまう（＝活動休止）のではないかと海外メディアが誤解したことが、誤報の主な原因であった。「オフに入る」と「活動休止」は似ているようでニュアンスが大きく異なる。つまり、K-POPアーティストに一般的な新曲でカムバックするまでの「オフ」がグループ活動の「休止」と誤解されたのであった。この誤解が韓国、そして世界を揺るがしたのである。

この時、最年長メンバー・ジン（一九九二年生まれ）の兵役は音楽活動における功績を理由として、「BTS法」と呼ばれる改正兵役法による特例が適用され、期限が二年間延長されていた。韓国における徴兵期限は満二八歳の誕生日を迎えた最初の年末とされているが、これが特例によって満三〇歳までとされていたのである。

ところが、その延長期間も二〇二二年の年末には切れる。そのため、彼らの兵役免除を可能にする兵役法改正案が国会に提出されていた。しかし、韓国の世論が賛否をめぐって二分されるなか、韓国国会での議論は遅々として進んでいなかった。

文在寅《ムンジェイン》政権の黄熙《ファンヒ》文化体育観光部長官は政権交代に伴う退任を目前にした五月四日、記者会見で「BTSの一部メンバーの入隊を前に賛否が分かれている状況となっており、誰かが責任ある声をあげるべきだと考えた」として、国会にBTSの兵役免除を可能にする兵役法改正案の早期可決を促す発言をした。

しかしながら、尹錫悦《ユンソンニョル》政権が成立して以降もなかなか審議は進まなかった。BTSの兵役免除を「不公平だ」と考える韓国国民の声が根強く、「兵役こそ公平であるべきだ」とする立場から、党派に関わりなく反対の声が存在していた。

保守系与党「国民の力」と進歩系第一野党「共に民主党」の二大政党においてもさまざまな意見が並存しているため党内での意見調整さえできない状況であった。このままでは、ジンの徴兵は時間の問題となっていた。

そのような状況での「活動休止」報道は現実味をもって受け止められた。メンバーの兵役を視野にグループ活動休止が発表されたと考えられたからである。韓国の株式市場では所属事務所HYBE（ハイブ）の株価が前日比約二五パーセントも暴落し、他業種でも株価が下落するなど、報道は各方面に大きな影響を与えた。

その前月、二〇二二年五月にBTSはビルボード・ミュージック・アワードにおいて三部門を受賞している。また、六月一日（アメリカ現地時間五月三一日）にはホワイトハウスを訪問し、アメリカ社会におけるアジア人嫌悪の問題についてバイデン大統領と意見交換をした。

韓国内にとどまらず海外においても人気と影響力が絶大なグループの「活動休止」報道であったがゆえに、このように大きな「騒動」となってしまったのである。

結局、所属事務所HYBEは事態を収拾するため、報道の翌日にこれを否定する声明を発表することになった。ファンの衝撃だけでなく自社の株価にまでダメージを受けたため、早急な対応を図ろうとしたのである。

声明の内容は、グループ活動が一時的な「オフに入る」のを契機に、これまでできなかった各メンバーのソロ活動を展開していきたい、というのがメンバーによる発言の真意で、グループ活動自体はこれからも継続する、というものであった。事務所による声明と合わせて、この動画につけられた英語字幕も原語の「オフに入る」の意味に近い「taking a temporary break」に差し替えられている。

†K-POP快進撃の理由

二〇二二年六月のBTS「活動休止」報道とその影響からみえてくるのは、単なるBTS人気だけではない。

株式市場において、K-POP関連株にとどまらない広範な影響を及ぼしたことに象徴されるように、K-POPと名づけられた音楽文化が韓国の経済や社会に非常に大きな影響力をもっていることが、あらためて証明されることとなった。

加えて、海外メディア発のニュースで、「活動休止」の情報が大きな衝撃とともに世界を駆けめぐったということは、世界におけるK－POPの位相をあらためて示したといえるだろう。

現在、BTS以外にもNCT（エヌシーティ）、BLACKPINK（ブラックピンク）、TWICE（トゥワイス）といったグローバルに活躍するK－POPグループが複数存在している。

さらには二〇二〇年代に入って以降も男性グループのTREASURE（トレジャー）、ENHYPEN（エンハイプン）や女性グループのIVE（アイヴ）、LE SSERAFIM（ル・セラフィム）、New Jeans（ニュー・ジーンズ）といった次世代グループが次々とデビューし、アメリカのビルボードや日本のオリコン、iTunes、Spotify（スポティファイ）、Apple Musicをはじめとした世界の主要チャートにチャートインしている。

まさに今、K－POPが世界で快進撃を続けているのである。

このK－POP快進撃の理由について、「韓国は国内市場が狭いから」「国家が後押ししているから」などといった短絡的な説明が各種メディアで散見される。だが、果たしてそのような単純な理由だけで、現在のK－POP快進撃が可能になったのであろうか。

国内市場の狭さでいえば、韓国の人口は五〇〇〇万人を超えており、韓国より音楽市場の小さい国の方が世界にはずっと多い。それらの国々のなかで、なぜ韓国だけが成功したのかという疑問が残る。

また、国家が後押ししただけで世界的な成功を収めることができるほど、文化コンテンツビジネスの世界は甘くないだろう。国家による支援が文化コンテンツの商業的成功に結びつくというなら、今頃フランス映画や中国のC－POPは世界の市場を圧倒しているはずだ。

たとえ国家が資金を投入し、優れた人材を迎えても、結局は「大衆」がそれを選択的に受容し消費するか否かで成否が決まるのが大衆文化であり音楽ビジネスだ。何よりも、これだけ長年にわたって世界各地に多くのファンを獲得し、ヒットを連発できる理由としては説得力に欠ける。

現在のK－POP快進撃の理由を明らかにするには、K－POPをK－POPたらしめた背景、それらがどのようにして形成・発展してきたのか、という歴史的アイデンティティに迫る必要があろう。そのためには、韓国の音楽業界が置かれている状況を説明するだけでは不十分であり、K－POPが形成・発展・越境するプロセスの解明こそが不可欠なのだ。

†本書の構成

このような問題意識のもと、本書は次のような構成で展開する。

第1章では、一九九〇年代にK－POPが登場する以前、韓国での大衆音楽がどのようにして形成され発展してきたのかを論じる。具体的には、アメリカでの大衆音楽の誕生から、第一次大戦後の米国の文化的ヘゲモニーのもとで韓国の大衆音楽が誕生した一九二〇年代、米国のスター歌手の影響を受けつつ大衆音楽が発展した六〇年代、日米の音楽文化が模倣されながら若者にターゲットを絞った音楽がヒットした八〇年代という順に、韓国の大衆音楽の発展を近現代史と絡めながら「K－POPの前史」として位置付ける。

続く第2章では、七〇年代から八〇年代に日本で起こった「韓国ブーム」について述べる。ここではまず、戦後の日韓関係を概観し、それがいかにして「韓国文化」ブームにつながったのかを論じる。また、その流れで趙容弼《チョーヨンピル》・金蓮子《キムヨンジャ》ら韓国人歌手が「演歌歌手」として日本に進出し、人気を集めて紅白にも出場したプロセスと背景を考察する。

第3章では、民主化以降の韓国社会においてヒップホップ文化とアイドル文化が結合してK－POPが誕生していく過程をみるとともに、IMF経済危機後に急速に整備されたIT網を活用してファンが形成したオンラインのコミュニティのもつ意味を明らかにする。

さらに、中国の改革開放政策と韓中国交樹立を背景にＫ－ＰＯＰが中国進出に成功し、また一九九八年の「日韓共同宣言」以降に日韓交流が進展するなかで、日本で「韓流」ブームが起こる過程を考察する。

第4章では、少女時代らの進出による日本でのＫ－ＰＯＰブーム到来と、その後の日韓関係の悪化による影響やファンたちの対応について述べる。また、ＴＷＩＣＥの日本進出などを契機に日韓関係が「戦後最悪」と言われるなかでブームが再来し、コロナ禍でも継続している状況とその背景を明らかにする。

最後に第5章では、Ｋ－ＰＯＰが越境した理由を、メッセージ性と異種混淆性という観点を中心にして明らかにする。また、Ｋ－ＰＯＰの広がりが二一世紀を生きる人々にどのような影響を与えているのかについても述べる。

以上のように、本書では、Ｋ－ＰＯＰが形成・発展・越境するプロセスを追うことで、Ｋ－ＰＯＰの歴史的アイデンティティに迫りつつ、そこからＫ－ＰＯＰ快進撃の理由を明らかにする。

†Ｋ－ＰＯＰに出会うまでの「激動の一〇〇年」

Ｋ－ＰＯＰは一九世紀から二〇世紀初頭のアメリカで形成されたポピュラー音楽が直接、

あるいは日本を経由して導入され、韓国に定着したものの発展形である。それがやがて越境し、他国で受容されることで「K－POP」と呼ばれるようになった。そのプロセスには、音楽あるいは文化という枠組みだけには収まりきらない、大小さまざまな人間・社会の歩みが関わっている。

では、実際にK－POPは韓国でどのようにして生まれ、いかにして今日のように日本や世界に広まっていったのか？　また、K－POPの越境とグローバル規模の拡散は世界にどのような変化をもたらしたのか？　この本はそのような問いのもと、韓国内外の情勢とK－POPの形成・発展との関係を通史的に論じようとするものである。

韓国においてポピュラー音楽（大衆音楽）が本格的に登場・普及したのは今から一〇〇年ほど前、日本による植民地支配下の一九二〇年代であった。それから今日にいたる韓国、そして東アジアの歩みはまさに「激動の一〇〇年」であった。

この本の内容は単なる「K－POPの歴史」ではない。世界が、そして私たちがK－POPに出会うまでの一〇〇年の物語である。特にK－POPに「推し」がいる読者であれば、「推し」に出会うまでの一〇〇年の物語」ということもできるだろう。あなたが「推し」に出会ったのは偶然ではなく、一〇〇年かけて紡がれたさまざまな歴史があってこその、文字通り「運命の出会い」であったことをこの本から感じていただけるのではないか。

第 1 章

K-POP前史
——韓国大衆音楽の誕生と発展

韓国初の創作歌謡とされる「落花流水」(歌=李貞淑)のレコード
(韓国国立民俗博物館蔵、出典:eミュージアム)

1　韓国大衆音楽成立への胎動【一九世紀〜】

†ポピュラー音楽の誕生

ＢＴＳをはじめＢＬＡＣＫＰＩＮＫやＮＣＴなど、多くのＫ－ＰＯＰアーティストたちは、アメリカのチャートを制することを目標に日々努力してきた。今日、アメリカでの成功こそが、Ｋ－ＰＯＰアーティストたちにとって世界を制した証となっているのである。では、なぜ彼らはアメリカを目指すのだろうか。

Ｋ－ＰＯＰの「ＰＯＰ」はポピュラー音楽、すなわち商業的な利益の発生を目的として生産・流通される音楽のことである。このポピュラー音楽は一九世紀から二〇世紀にかけての時期にアメリカで誕生した。つまり、アメリカはポピュラー音楽の「ふるさと」であり「本場」である。

それゆえに、Ｋ－ＰＯＰアーティストのみならず世界中のポピュラー音楽のアーティストたちにとって、「本場」アメリカでの成功は象徴的な意味をもつ。そして、アメリカで認められた音楽は、世界で認められた音楽と同義のものと評価される。だからこそ、Ｋ－

POPアーティストはアメリカを目指すのである。

ここではまず、K－POPのルーツであるアメリカのポピュラー音楽の誕生と発展について簡単にみていきたい。

一九世紀半ばのアメリカでは都市化が進展し、ヨーロッパからの移民たちの間で階級分化が起こった。そして、そのなかで生まれた中産階級の白人たちが、音楽の消費者として浮上してきた。

当時のアメリカではマーチングバンドが流行し、楽器が広く流通するようになる。中産階級の女性たちは家庭での趣味として楽器を購入し、音楽を演奏するようになった。また、各地の都市には大衆娯楽施設として演芸場が作られ、音楽が演奏された。

こうして、プロ・アマチュアの演奏者たちが増加することによって、彼らが演奏するための大衆向け音楽への需要が高まり、作曲と楽譜販売による音楽ビジネスが登場する。この時代のアメリカ音楽界を代表する人物として、「ポピュラー音楽の祖」と呼ばれているスティーヴン・フォスター（一八二六～六四）がいる。ケンタッキーフライドチキンのCMソングとして有名な「ケンタッキーの我が家（原題はMy Old Kentucky Home）」を作詞作曲した人物といえばピンと来る人もいるだろう。彼は、大衆向けの音楽を作曲し、それが印刷された楽譜を商品として販売することで収入を得た。

このようにして、大衆向けに作曲された楽譜を印刷・販売する音楽出版社を基盤として音楽産業が成長する時代が到来した。これにより、商業的な利益の発生を目的として生産・流通される音楽＝ポピュラー音楽の時代が幕を開けたのである。

†アメリカにおける新しい音楽の形成

他方、一九世紀のアメリカには、イギリスをはじめとしたヨーロッパ各地からの移民、アフリカから奴隷として連れてこられた人々とその子孫など、さまざまなルーツをもつ人々が集まっていた。

ヨーロッパからの移民は西洋の古典音楽のほかヨーロッパ各地の民謡、さらには産業革命以降のイギリス都市部で生まれたバラードをアメリカに持ち込んだ。また、アフリカにルーツをもつ人々によって、アフリカ在来の音楽がアメリカで演奏されるようになった。ほかにもブラジルやキューバなど中南米地域で、スペインやポルトガル由来の音楽と黒人の音楽が融合して誕生したラテン音楽もアメリカに流入した。加えて、一九世紀末にアメリカ合衆国が併合したハワイの音楽もアメリカの地にもたらされた。

こうしてアメリカは、さまざまな来歴をもつ多様な音楽が交差し、影響し合う場所となり、その結果ハイブリッドな新しい音楽が次々と生まれていった。そのようなアメリカの環境こそが、その後のポピュラー音楽にさまざまな新しい音楽の潮流を提供する大きなパワーとなった。

とりわけポピュラー音楽の形成と発展に大きな影響を与えることになったのが、アフリカ在来の音楽を基盤とした黒人音楽（ブラック・ミュージック）であった。アフリカ在来の音楽とは、アフリカ各地で自然を神々として崇拝するアニミズム的な土着信仰の祭礼において歌われ演奏されたものである。

そこでは歌とともに打楽器（ドラム）と踊りが重視され、リズムに強弱をつけることで音楽に変化をつけるシンコペーション、足を使ってリズムを取るステップ、歌唱において交互に呼応するコール&レスポンスなど、現在のK－POPに連なる形式がみられる。

アメリカ発の新しい音楽として比較的早い時期に登場したのが、ジャズとブルースだったが、これらもまた黒人たちが創り上げた音楽である。ジャズとブルースは演芸場などで演奏され、一九世紀のうちに大衆向け商業音楽となっていた。

✝開港期朝鮮における西洋音楽の受容

一九世紀後半になると、長らく欧米諸国との交流を制限してきた日本や朝鮮が相次いで開国し、西洋音楽に触れることとなった。ここでいう西洋音楽にはいわゆるクラシック音楽だけでなく、ヨーロッパの民謡やアメリカで生まれたポピュラー音楽も含まれていた。朝鮮で社会の近代化が進展する過程において、西洋文明導入の一環としてポピュラー音楽を含む西洋音楽が受容されていくことになった。

日本の場合、学校での唱歌にこれらヨーロッパの民謡やアメリカから伝わったポピュラー音楽が採用され、近代的な音楽教育に大きな影響を与えた。例えば、「蛍の光」はスコットランド民謡、「蝶々」はドイツ民謡の曲にそれぞれ日本語の歌詞をつけたものである。では朝鮮の場合はどうだろうか。一九世紀末から二〇世紀初頭にかけての朝鮮における西洋音楽の受容拡散ルートは大きく四つ存在した。

一つ目は、宣教師および彼らが設立したミッション系学校を通じて、ポピュラー音楽を含む西洋音楽が朝鮮に持ち込まれるルートである。宣教師たちは布教・教育活動のなかで音楽を活用し、西洋音楽に初めて触れる朝鮮の人々を魅了した。なかには、楽器の演奏や作曲の方法などについて宣教師から本格的に学ぼうとする朝鮮の人々もいた。

二つ目は、朝鮮での影響力拡大を目指す日本の後押しで設立された学校（公立普通学校、官立漢城師範学校）の音楽教育によるものだ。これらの学校では日本の唱歌の替え歌が掲載された教科書が使用された。このルートはいったん日本で現地化された西洋音楽を受容する、日本経由のルートであった。ここには民族主義的で抗日的な愛国唱歌運動への対抗手段として、日本の唱歌を普及しようとする日本の意図が反映されていた。

三つ目のルートは、朝鮮人が主導する民族系学校による音楽教育を通じた受容ルートで、抗日的な歌詞を特色とし、前述の愛国唱歌運動に連なるものである。ここにはミッション系学校で音楽教育を受けた人々も参加した。民族主義的な目的をもちつつ、外来文化である西洋音楽を朝鮮人自身の手によって現地化しようとする。

四つ目は、軍楽隊によるルートである。朝鮮の軍楽隊は近代化を進める皇帝・高宗《コジョン》のもとで一九〇〇年に創設された。日本で軍楽隊への指導経験があるドイツ人F・エッケルトが招聘《しょうへい》され、軍楽隊への音楽教育が行われた。一九〇一年九月に軍楽隊は高宗の誕生祝賀会で初の公の場での演奏を行っている。

民族系学校が民間主導であるのに対し、軍楽隊によるルートは軍事の近代化を企図する国家主導の西洋音楽拡散ルートである。軍楽隊は日本による韓国軍の解散（一九〇七年）に伴って廃止されるが、出身者たちはその後、音楽教師や楽団の演奏者として朝鮮における西洋音楽普及に大きな役割を果たした。

†音楽をめぐるせめぎあい

以上のように、朝鮮での西洋音楽受容において、日本を経由するルートが存在した一方で、西洋音楽受容を通じて近代化を進め、日本に対抗しようとする動きがあった。

朝鮮国内には近代化をめぐって、隣国日本をモデルとした近代化を目指す勢力と、西洋諸国の助力を得ながら近代化を進めることで日本に対抗しようとする勢力が存在した。その構図が西洋音楽受容のルートにおいてもそのまま反映された。

そこでは近代化や愛国のための啓蒙・教育の手段として音楽が利用されることになる。したがって、そこで拡散された音楽は、基本的には今日のＫ－ＰＯＰのような娯楽を目的とした消費の対象という性格のものではなかったといえるだろう。

しかしながら、人々が必ずしも西洋由来の音楽を、そうした「啓蒙や教育」の意図通りに受容したわけではない。すなわち、日本の唱歌であれ、アメリカの音楽であれ、ヨーロッパの民謡であれ、外来の曲を自由に借用しながら曲に合わせて朝鮮語の歌詞が作られたのである。

例として、日本の「鉄道唱歌」に異なる内容の朝鮮語歌詞をつけた「学徒歌」がある。この時期、作曲ができる朝鮮人がまだ少なく、作曲家が育っていなかったことが、外来の曲を借用しての作詞が盛んになった背景にあった。

そして、西洋由来の曲調の音楽を、啓蒙や教育と切り離して娯楽として楽しむ人々も出てくるようになる。これはのちの韓国の大衆音楽の萌芽といえるだろう。だが、産業化された大衆音楽（ポピュラー音楽）が朝鮮人の手により生まれるには、朝鮮で西洋由来の音楽文化が定着し成熟するための時間が必要であった。

日露戦争（一九〇四〜〇五年）を経て日本は朝鮮を保護国化する。この時、朝鮮の政府を「監督」する機関として韓国《かんこく》統監府《とうかんふ》が設置された。統監府は愛国唱歌運動に対抗するために学校の音楽教育を通じて日本の唱歌を普及させようとした。一方で、民族主義的な唱歌を「不良唱歌」と呼び、取り締まりの対象とした。そして、一九一〇年に日本は朝鮮を併合する。

†レコードの登場

一九世紀後半に発明され、徐々に普及し始めた、音楽に関わりの深い新技術があった。録音・再生技術である。

まず、一八七七年にアメリカの発明家トーマス・エジソンがシリンダーフォノグラフという原始的な蓄音器を発明した。シリンダーフォノグラフは円筒型の装置に付着したロウに凹凸をつけることで音声を記録する装置であった。

その後、円筒型よりも保存や持ち運びが便利な円盤型レコードがエミール・ベルリナーによって開発され、音楽を録音・再生するための技術的改良が重ねられた。こうして二〇世紀に入ると、レコードに録音された音楽を聴くという音楽聴取のスタイルが少しずつ定着していった。

文明が誕生して以来、人類は長い歴史のなかで生の演奏や歌唱、つまり「ライブ」というスタイルによってのみ音楽を聴取してきた。レコードの登場は、このような音楽聴取のスタイルに革命的な変化をもたらすこととなる。

これまで、奏者や歌手と、場所と時間を共有しなければ聴き手は音楽に出会うことができなかった。だが、音楽を録音・再生する技術が登場したことによって、奏者や歌手と場所と時間を共有せずとも、繰り返し音楽に出会うことが可能になったのである。このような利便性によって、レコードは瞬く間に普及していった。

一方でレコードがもたらした変化は、音楽聴取のスタイルだけにとどまらない。そもそも音声というのはモノではない。だが、レコード盤に録音することによって、モノではなかった音声を固定することができるようになった。

これにより、レコードというフィジカルなモノに固定された音楽を売買することが可能になった。つまり、今日まで続く、音源を売買することで音楽を商品化するシステムがレコードという新技術によって確立した、ということである。レコードによって音楽産業の規模は拡大し、これまでのような楽譜を出版する音楽出版社がリードする時代は終わりを迎え、レコード会社が音楽産業を担う時代が到来した。

†米レコード会社の発展と海外進出

アメリカで初期のレコード会社として急成長したのが、コロムビア、グラモフォン、ビクターの三社である。

これらアメリカ資本のレコード会社はアメリカ国内のみならず海外の音楽市場にも進出し、世界的メジャー企業として二〇世紀の音楽市場を牽引する存在となっていった。

なかでもグラモフォンは、一八九七年に「ヨーロッパ・グラモフォン社」をロンドンに開設し、ヨーロッパ各国に支社を設けてヨーロッパ市場での本格的な事業展開をいち早く行っている。その後、イギリスに進出したコロムビアは、一九二二年に英国コロムビア社としてアメリカのコロムビアから独立し、さらにグラモフォン社と合併して、ヨーロッパの音楽メジャー企業であるＥＭＩとなった。

第一次世界大戦（一九一四〜一八年）ののち、ヨーロッパ諸国が戦場となって大きな痛手を被っていたなか、アメリカは好景気の時代を迎えていた。都市ではホワイトカラー労働者を中心に人々の購買力が増大し、彼らがレコードの消費者となって音楽産業を支えた。さまざまな製品が大量生産・大量消費される時代のなかで、音楽の商業化がさらに加速していった。

こうしてアメリカは、ポピュラー音楽や映画など世界のエンタメ産業の中心地となっていった。

†蓄音機、朝鮮へ

欧米で発明された録音・再生の新技術は一九世紀のうちに東アジアでも紹介され、人々に衝撃を与えた。

日本で初めて蓄音機が公開されたのはエジソンがシリンダーフォノグラフを発明してから二年後の一八七九年であった。これは、政府が招聘したお雇い外国人で、東京帝国大学理学部で教鞭をとっていたイギリス人ジェームス・アルフレッド・ユーイングが試作したシリンダーフォノグラフを日本の人々に披露したものである。

他方、朝鮮半島に、いつどのようにしてシリンダーフォノグラフがもたらされたのかについては諸説ある。韓国学中央研究院が編纂した『韓国民族文化大百科事典』によると、一八八四年にアレンが国王の高宗の前で朴春載《パクチュンジェ》という有名な歌唱家の歌を録音・再生したのが最初だとされている。

アレンは、アメリカ人の長老派宣教師で医師や外交官としても活躍した人物である。韓国では現在の延世《ヨンセ》大学附属セブランス病院の前身である広恵院《クアンヘウォン》（その後、済衆院《チェジュンウォン》と改称）の初代院長として近代西洋医学を朝鮮に普及させたことで知られている。

　別の説では、アレンがアメリカ公使を務めていた一八九七年に、大臣たちをソウルの自宅に招いた席でシリンダーフォノグラフを披露したのが初めてだとされる。ほかにも、一九四一年の『新東亜』に掲載された記事を根拠として、一八八七年に朴定陽《パクジョンヤン》を全権大使としてアメリカに派遣された外交使節団に随行した李《イ》完用《ワニョン》がシリンダーフォノグラフを持ち帰って王世《ワンセ》子《ジャ》（のちの純宗《スンジョン》）に献上したのが最初だとする説がある。

　いずれにせよ、シリンダーフォノグラフは一八八〇年代から一八九〇年代の時期に朝鮮半島にアレンのような外国人、または外国から戻った朝鮮人によってもたらされたのではないかと推測される。当時、音声を録音・再生する最新技術であったシリンダーフォノグラフは朝鮮で「留声機《ユソンギ》」と呼ばれた。

　その後、エミール・ベルリナーの円盤型レコードとその再生装置としての蓄音機も朝鮮にもたらされ、徐々にレコードの存在が朝鮮社会でも知られることになった。

†レコード販売の始まり

　朝鮮では、日露戦争後の一九〇七年に、アメリカのコロムビア社によって最初にレコードが販売された。収録されていたのは朝鮮の伝統音楽であった。その後、欧米の音楽や金《キム》昌煥《チャンファン》の「春香伝」など伝統音楽を収録したレコードが販売されている。

この時期の朝鮮におけるレコード販売枚数を知ることのできる資料は確認できないが、少なくとも、一つの産業と呼べるような規模には市場が成長していなかった。当時、レコードは主として蓄音機を所有する比較的豊かで先進的な層の朝鮮人や外国人らによって愛好されていたものと考えられる。

この頃、日本在住アメリカ人のF・W・ホーンが設立した日本初の蓄音機製造会社である日本蓄音器商会は、蓄音機の製造販売とともにレコードの録音から製造販売までを手がけていた。一九一〇年代から二〇年代前半にかけて欧米の大手レコード会社は日本進出に積極的でなく、輸入盤を日本の代理店を通じて販売するのみであった。そのため、日本蓄音器商会は第一次世界大戦後の好景気もあって日本市場で急成長し、大正時代を通じて日本のレコード業界をリードした。

朝鮮に進出した日本蓄音器商会は当初、朝鮮のパンソリや民謡、唱歌のレコードも販売していたものの、主たる販売商品は朝鮮に住む日本人などを対象とした日本のレコードであった。ところが一九二〇年代に入ると新規顧客開拓のために朝鮮人消費者向けレコードの販売を強化していく。

具体的には、当時の日本の作品を翻案した朝鮮語の曲を次々とリリースしたことが挙げられる。有名なものとしては、日本の「鴨緑江節《おうりよつこうぶし》」を翻案した同名の「鴨緑江節」、「金色夜叉《こんじきやしゃ》」を翻案した「長恨夢歌《チャンハンムガ》」、「枯れススキ」を翻案した「萎《しお》れた芳草《ほうそう》」などがある。また、日本の「真白き富士の根」のメロディを用いた「この騒がしき世上」のように、日本の曲に朝鮮語の歌詞をつけたものも販売されている。

こうして、朝鮮人によるレコード消費のすそ野が徐々に広がっていった。

2　植民地近代と韓国大衆音楽の誕生【一九二〇年代〜】

†朝鮮植民地化と「文化政治」

このような過程を経て、K－POPの源流である朝鮮の大衆音楽としての歌謡曲が一九二〇年代から三〇年代にかけて誕生し、発展していくこととなる。まず、その時代背景を概観しておこう。

当時の朝鮮半島は日本による植民地支配のもとにあった。

一九一〇年の韓国併合により「京城《けいじょう》」と呼ばれた当時のソウルには朝鮮総督府が設置さ

れ、軍事警察である憲兵に普通警察の役割も担わせる憲兵警察制度によって軍事力を背景とした統治が行われた。このような強権的な統治は「武断統治《ぶだんとうち》」と呼ばれる。これに反発した朝鮮の人々によって朝鮮半島各地の街頭で「独立万歳」を叫ぶ三一独立運動が、一九一九年に起こっている。

三一独立運動に衝撃を受けた総督府は、一九二〇年代に入って統治方針をみずから「文化政治」と呼ぶ方式に変更した。これまで武力を背景に朝鮮人の言論・政治活動を徹底的に抑制してきた武断統治の方針を転換して、一定の枠内で自由を認めることにしたのである。

これによって、一部の民族主義者を支配側に取り込んで植民地支配への協力者を育成し、他方であくまでも反抗する勢力を弾圧することによって民族運動の分断と弱体化を図ろうとした。いわば「アメとムチ」による支配の再編と強化が模索されたのである。

この「文化政治」期には第一次世界大戦前後からの好景気によって急速に発展した日本の資本主義の余波を受け、朝鮮でも資本主義が徐々に社会を覆っていく。

かつて、一九一〇年代には総督府が「会社令」などによって朝鮮での工業化や会社設立を抑制する方針をとってきた。だが、一九二〇年代に入ると「会社令」改正を通じて会社設立や工業化に対する総督府の方針が転換され、日本など外部の資本が利潤追求のために朝鮮に進出しやすい制度的環境が整えられたのである。

†朝鮮の植民地近代

こうした条件のもと、朝鮮は一九二〇年代以降に大きな社会変動を経験することとなった。

その象徴が、京城などでの都市化の進展である。都市化は京城を巨大な近代的消費空間へと変化させ、繁華街である本町（現在の明洞《ミョンドン》）エリアには消費の殿堂として三越《みつこし》・三中井《みなかい》などの百貨店がオープンした。また、映画館などの娯楽施設に多くの人々が集まった。

資本主義の発達によって都市のオフィスに通うホワイトカラー労働者が現れ、彼らが消費者となってこれら繁華街の消費空間を支えた。また、デパートガールをはじめとした働く女性や、流行のファッションに身を包んで都市生活を謳歌するモボ・モガと呼ばれる若者たちの姿がみられるようになった。

だが、朝鮮の都市化による変化は華やかなものばかりではなかった。舶来品《はくらいひん》で身を飾るモボたちは多くが一部の富裕層の子息であった。また、ホワイトカラーやデパートガールのような都会的な職業に就くためには一定の学歴が必要とされたが、当時の朝鮮では民族別の教育システムが採用され、日本内地と比較して朝鮮人の就学率、なかでも朝鮮人女子の就学率は非常に低い水準に抑制されていた。

デパートガールとして就労するためには、中等教育機関である女子高等普通学校卒の学歴を求められた。『新家庭』一九三八年一一月号の記事「朝鮮女子教育史」によると、一九二五年の時点での女子高等普通学校の在学生数は朝鮮全土で二〇二一名に過ぎなかった。日本内地の女子中等教育機関である高等女学校の進学率が同年に一五パーセントを超えていたことを考えると、大きな格差があったことがわかる。

当時の朝鮮において女子高等普通学校卒は女子エリート層に属する。つまり、都市文化を象徴するデパートガールは大半の朝鮮人女性にとって無縁な職業であった。日本や欧米において都市の近代的消費文化を謳歌できる層とそうでない層は、階層やジェンダーなどが複雑に絡み合いながら分化していた。京城のような植民地都市ではこれに加えて民族という要素が大きく影響したのである。

以上のように、植民地においては近代が展開する過程において植民地性が大きく作用したのであるが、このような植民地の近代のあり方を「植民地近代（colonial modernity）」と呼ぶ。この「植民地近代」のなかで朝鮮における大衆音楽が登場し、発展していくこととなった。

†日本のレコード業界再編

レコード業界に話を戻そう。一九二〇年代には日本のレコード業界が大きな変化に見舞われる。その契機となったのが、一九二三年九月一日に発生した関東大震災であった。そののち、これまで日本市場へのアプローチに積極的とはいえなかった欧米の大手レコード会社の動きに変化が表れたのである。

一九二四年、震災で被害を受けた日本経済を再建するために、日本政府は国産品を奨励し、贅沢品の輸入に多額の関税を課した。蓄音機やレコードも贅沢品とされたため、これまで日本市場で輸入した蓄音機と輸入盤レコードを販売するビジネスを展開してきたコロムビア社、ビクター社、ポリドール社といった欧米の大手レコード会社は、日本における販売戦略の転換を迫られた。

その結果、従来のように輸入盤をそのまま販売するのではなく、原盤のみを輸入し、自社の日本法人や日本の提携会社で複製して販売する方式が採用されることとなる。

英米のコロムビア社は日本蓄音器商会の株式を買い受けて日本コロムビアと改称し、日本法人化した。また、アメリカのビクター社は日本法人として新たに日本ビクター蓄音器株式会社を設立している。さらに、ドイツのポリドール社は日本の取引先レコード販売業社に日本ポリドール蓄音器株式会社という新会社を設立させ、独占的提携関係を構築した。こうして、これまで日本蓄音器商会を筆頭に国内資本中心の展開をしてきた日本のレコード業界が外資系中心へと再編されることとなった。

†レコード会社の朝鮮進出とラジオ放送開始

これら日本の外資系レコード会社は日本市場にとどまらず、日本統治下の朝鮮での本格的な事業展開へと乗り出すこととなる。

すでにあった日本蓄音器商会京城支店は日本コロムビアの京城支店となり、日本ビクターは一九二八年に株式会社セール商会を朝鮮における総代理店とした。日本ポリドールは少し遅れて一九三一年に朝鮮営業所を設置している。このほか、一九三〇年代初頭には日本資本の太平レコード、シエロンレコード、オーケーレコード（一九三六年にテイチクに経営権移譲）なども朝鮮での事業を開始した。

レコード会社による事業活発化と並んで、この時期の朝鮮における音楽の拡散で重要な役割を果たすようになったのがラジオ放送である。一九二六年に設立された財団法人京城放送局（韓国の公共放送であるＫＢＳの前身）は翌二七年に本放送を開始した。日本帝国内では東京放送局、大阪放送局、名古屋放送局に次ぐ放送開始であった。

放送が開始された頃は日本語と朝鮮語の番組が同じ周波数で混合して放送されていたが、一九三三年になると日本語放送と朝鮮語放送を分離してそれぞれ「第一放送」「第二放送」とし、別の周波数で放送されることとなった。

以上のように、レコードとラジオというメディアによって朝鮮語の大衆音楽が広まる環境が整えられた。蓄音機やラジオの受信機は家庭のみならず都市の商店や食堂、カフェ、さらには事務所や工場などにも設置され、より多くの人々がスピーカーから流れる音楽に触れる機会が増加した。

†大衆音楽の時代へ

各レコード会社が事業展開を加速させていた朝鮮では、一九二〇年代半ばから日本の流行歌や西洋音楽のメロディに朝鮮語の歌詞をつけた曲が次々と制作され、レコードとしてリリースされるようになった。

大衆音楽を先行して形成していた日本など、外部の楽曲を用いながら朝鮮語の歌詞を付するというこの形式は、西洋や日本の影響を受けながら形成されてきた朝鮮の唱歌などの流れが、大衆音楽としての歌謡曲へと発展していく直前の段階であるといえるだろう。この段階では、大衆音楽においてすでに独自の作詞と朝鮮人による歌唱が可能になっており、最後に独自の作曲さえ可能になれば朝鮮人の手によって創作された歌謡曲（創作歌謡）が誕生することになる。

その一歩を刻んだのが「落花流水《ナッカユス》」という曲である。「江南《カンナム》の月」という曲名でも知られているこの曲は、一九二七年に同名の無声映画のなかで上映中に演奏され歌唱されたBGMであった。作詞作曲は朝鮮人の金曙汀《キムソジョン》（金永煥《キムヨンファン》）によるもので、映画の人気によって話題となったことをうけて李貞淑《イジョンスク》が歌った同曲が一九二九年にレコードとしてリリースされている。この「落花流水」が朝鮮で創作されヒットした初めての大衆音楽であるとされる。

しかしながら、社会学者の小林孝行《こばやしたかゆき》は、金曙汀が音楽の専門教育を受けておらず、曲も唱歌風であることを指摘し、そのため「落花流水」は大衆化された唱歌である「流行唱歌」の域を出ないものだとしている（小林二〇一九）。

小林は朝鮮における本格的な創作歌謡の成立を、一九三二年にレコードが発売された李《イ》愛利秀《エリス》が歌う「荒城の跡」にみる。その理由として、作曲した全壽麟《チョンスリン》の音楽経験に注目する。すなわち全壽麟は松都《ソンド》高等普通学校で校長のリクルス夫人から個人指導でバイオリンを習い、軍楽隊出身の鄭子仁《チョンジャイン》から音楽理論を学んでいる。また、ソウルで洪蘭波《ホンナンパ》の指導のもとで音楽を学んでもいる。このような専門的な音楽教育により本格的な歌謡曲の作曲が可能になったという指摘である。

その後、朝鮮内の学校や教会などで、さらには東京音楽学校（東京藝術大学音楽学部の前身）など日本の専門教育機関への留学を通じて音楽教育を受けた作曲家たちによって朝鮮語の大衆音楽が次々と作られ、レコードとして発売されヒットする時代を迎えた。現在のK－POPへと連なる、朝鮮で創作された大衆音楽の時代が本格的にやってきたのである。

一方、複数の日本のレコード会社が朝鮮に進出するなかで、朝鮮語による大衆音楽のレコーディングの多くが東京のスタジオで行われていた。また、古賀《こが》政男《まさお》など当時の著名な日本人作曲家が作曲や編曲に加わることも珍しくなかった。特に編曲にはより高度な知識と技能が必要であることから、近代音楽を先行して受容していた日本人が関わるケースも多かったのである。さらに、朝鮮語の大衆音楽のレコーディングにも演奏者として日本人が参加した。

だが、シンガーソングライターの草分け的存在と評される金龍煥《キムヨンフアン》（一九三二年デビュー）のように、作曲家兼歌手でバイオリンやトランペットなどの楽器演奏も得意というマルチな才能をもった朝鮮人も登場した。

植民地支配という状況のもとで、日本の音楽関係者と協働しつつも朝鮮の音楽製作者や歌手たちは着実に音楽的な能力を育んでいたのである。

†「親日歌謡」と「軍国歌謡」

「文化政治」期において発展した朝鮮の大衆音楽であったが、やがて戦時期に突入すると大衆音楽もまた、時代の波に飲み込まれていく。

日本は一九三一年の満洲事変以降、中国大陸への軍事的進出を進めていた。その後、日中戦争の勃発（一九三七年）に伴い、当時の朝鮮総督・南次郎《みなみじろう》（在任一九三六〜四二年）のもと、朝鮮は日本の戦時動員体制へと組み込まれていった。

朝鮮は中国大陸での日本の軍事行動を後方で支えるための「大陸兵站《へいたん》基地」と位置づけられ、戦争遂行のための人的物的な供給地とみなされた。それに合わせて総督府は「内鮮《ないせん》一体《いったい》」というスローガンを掲げ、朝鮮人への神社参拝強制や創氏改名といった皇民化政策が推進されることになる。

大衆音楽などのエンターテインメントもまた、国策を推し進めるための手段とされるようになっていった。大衆音楽への管理が強化され、一九三八年にはレコード発売前の検閲がより厳しくなった。

そのようななかで、朝鮮人の満洲移住を奨励する曲が複数リリースされる。朝鮮初の男性流行歌歌手といわれる蔡奎燁《チェギュヨプ》は「北国五千キロ」を歌った。この「北国」とは満洲のことを指す。また、人気歌手の南仁樹《ナムインス》は「響く満州線」を歌っている。さらに一九四〇年には白年雪《ペクニョンソル》が歌う「福地《ポクチ》万里《マンニ》」が太平レコードから発売されヒットする。「福地万里」は同名の国策映画の主題歌で、ここでいう「福地」は満洲を指す。

映画『福地万里』は朝鮮の高麗映画社と満洲映画協会の共同制作で、朝鮮人に満洲への移住を促す内容であった。歌詞もそれに合わせたものであるが、驚くべきは二番まで朝鮮語の歌詞だが三番は日本語になっている点である。満洲移住とともに、朝鮮人が日常から日本語を使うことを奨励する皇民化のスローガン「国語常用」を訴える政策的メッセージも感じられる。

また、朝鮮総督府は陸軍特別志願兵令を一九三八年に公布し、朝鮮人青年を日本軍の兵士として戦地に動員していった。戦争が激化するとさらにこれを強化し、一九四二年には朝鮮でも徴兵制の実施が決定され、一九四四年から朝鮮の青年たちが徴兵されるようになった。これに伴って、朝鮮人に戦意高揚を促す音楽が多数登場した。

陸軍特別志願兵令の前年である一九三七年には、金龍煥が歌う「半島義勇隊」がいち早くポリドールから発売されている。また、張世貞《チャンセジョン》が歌う「志願兵の母」は古賀政男の作曲によるもので、国に捧げるために育てたわが子だと言い聞かせながら、涙を流さず笑顔で旗を振り戦場に送り出すという、日本帝国の国策に沿った朝鮮人志願兵の母親像を描いている。これらの曲は勇ましいメロディが特徴的である。

以上のような戦時期日本の国策に協力する歌謡曲は「親日歌謡」と呼ばれ、なかでも戦争に関するものは「軍国歌謡」と呼ばれている。

†朝鮮の解放と分断

一九四五年、日本の敗戦によって三五年におよぶ朝鮮植民地支配は終焉を迎えた。朝鮮では、独立運動の代表的指導者の一人であった呂運亨《ヨウニョン》が中心となって各地で建国準備委員会が結成され、左右の独立運動家たちによる連合政権を構想した朝鮮人民共和国の樹立が宣言された。

ところが、戦勝国である米ソ両国は、北緯三八度線を境として朝鮮半島を分割占領することですでに合意しており、これに基づいて同年九月に南朝鮮へと進駐した米軍は朝鮮人民共和国を認めず、軍政の実施を布告した。

その後、米ソの対立が深まり、朝鮮内部でも左右の対立と経済的混乱が続くなかで、朝鮮半島全体を統治する政府の樹立について、米ソは合意にいたることができなかった。こうして一九四八年、南北にそれぞれ資本主義国家の大韓民国と共産主義国家の朝鮮民主主義人民共和国が成立し、朝鮮半島は分断状態となる。

ラジオの放送網やレコードの流通網も南北で分離され、大衆音楽における一つの文化圏としてのまとまりは徐々に失われていく。

日本の支配から解放されたことにより、「親日歌謡」は姿を消した。その一方で「軍国歌謡」の系統は内容を変化させつつも残存することとなった。それは、一九五〇年から五三年まで続いた朝鮮戦争があったことにより、戦争をモチーフにした曲が作り続けられたからである。

†韓国政府樹立後の大衆音楽の変化

一方で、米軍が駐留していた韓国では、米軍基地を通じてアメリカの音楽が直接流入した。米軍基地には兵士たちの娯楽のために韓国人が演奏者や歌手として招かれ、最新のアメリカのポップ音楽に触れる機会となった。

朝鮮戦争後の一九五〇年代後半には安貞愛《アンジョンエ》の「大田《テジョン》ブルース」や朴載蘭《パクジエラン》の「ラッキーモーニング」、尹一路《ユンイルロ》の「ギターブギ」など、アメリカのポップ音楽から影響を受けた曲が次々とリリースされるようになった。

他方、朝鮮戦争後の韓国では反共とともに「防日」（日本帝国主義復活に対する警戒）を掲げる李承晩《イスンマン》政権のもと、一九五六年から日本風歌謡曲を「倭色歌謡《ウエセクカヨ》」と呼んで韓国文化から排除しようとする「倭色歌謡浄化運動」が開始された。これにより、日本語の歌謡曲はもちろん、植民地期に日本の曲をカバーしたものも禁止された。

以降、韓国国内における日本の大衆音楽への規制は継続していくが、放送や公演などを除けば、日本のレコードの所持や海賊版の流通についての取り締まりは徹底せず、個人的に日本のラジオ放送を傍受して音楽を聴取することもできた。

そのため、韓国大衆音楽における日本大衆音楽の影響は継続することとなる。五〇年代には日本の大衆音楽を明らかに剽窃《ひょうせつ》した曲も散見され、その後も日本の大衆音楽のコンセプトを模倣した曲がみられた。

これらの行為は、程度によっては著作権の侵害という問題を抱えている反面、独立後も日本の先進的な大衆音楽から学びながら韓国の大衆音楽を発展させようとするものと理解することもできよう。

こうして、これまでの日本からの影響に、新たにアメリカのポップ音楽からのダイレクトな影響が加わりながら、その後の韓国大衆音楽は展開していくことになったのである。

3　スター歌手の時代――南珍と羅勲児【一九六〇年代〜】

†テレビの時代へ

一九六〇年代に入って、韓国の人々が音楽を楽しむ環境を大きく変化させるメディアが登場した。テレビである。イギリスのBBCが一九二九年に実験放送を開始して以降、テレビの実用化に向けた技術革新が重ねられた。

そして、第二次世界大戦ののち、世界各地で普及していくこととなる。日本では一九五三年にNHKがテレビの本放送を開始している。韓国は一九六一年にKBSがテレビの本放送を開始したが、これはアジアで四番目に早い。

これまで音楽を楽しむメディアとして主に用いられてきたレコードやラジオは、「音声を聴く」ものであった。だが、テレビではこれに加えて歌手や演奏者の姿を「観る」という視覚的要素が音楽聴取において重要視される時代を開くこととなった。つまり、歌手や演奏者の表情や身振り、そして服装までもが音楽を構成する要素として重要になったのである。

現在のK－POPでは、ダンスパフォーマンスや表情、衣装などの視覚的要素が非常に重視され、それが大きな魅力となっている。このような視覚的要素を重視する音楽のあり方の起点はこの時代にあるといえるだろう。では、テレビの時代を迎えた大衆音楽は具体的にどのように変化していったのであろうか。

†エルヴィス・プレスリーの衝撃

韓国の大衆音楽が大きな影響を受けてきたアメリカの音楽界で、テレビ時代を象徴するスターが登場した。ロック界伝説の大スター、エルヴィス・プレスリーである。

エルヴィス・プレスリーは一九三五年に米国ミシシッピ州に生まれ、貧しい白人の家庭で育った。彼はブルースやR&B（リズム・アンド・ブルース）といった黒人音楽と白人音楽であるカントリーを融合させ、独自のロカビリー・スタイルを確立した。

エルヴィスはメンフィスのサン・レコードから一九五四年に「ザッツ・オール・ライト」でデビューし、RCAに移籍して五六年にファーストシングル「ハートブレイク・ホテル」で初めて全米チャート一位となった。こうして彼は、一九五〇年代のアメリカにおいてロックンロールの発展に大きな役割を果たした人物として「キング」と呼ばれるようになり、アメリカばかりでなく世界的な人気を得ることとなった。

彼がデビューした頃のアメリカは、ちょうどテレビが急速に普及した時期であった。エルヴィスはテレビという新しい媒体の力を最大限に活用し、斬新な音楽性とともに独特なファッションや「骨盤ダンス」と（彼の音楽に批判的な人々から皮肉を込めて）呼ばれた個性的なパフォーマンスといった視覚的要素を通して旋風を巻き起こした。まさにテレビ時代の音楽の申し子ともいえる存在である。

映像を通してエルヴィスの音楽に触れ、衝撃を受けた若者たちはそのファッションやパフォーマンスを真似るようになった。このような視覚的要素の模倣《コピー》はテレビという新媒体があってこそのものであったが、その特質を見抜いていたからこそ、エルヴィスは大きな成功を収めることができたといえよう。

このようなエルヴィスの視覚的要素の模倣はアメリカ国内だけにとどまらず、彼の影響を受けた世界各国でみられた。そして、エルヴィスのようなスターを目指してプロの歌手となった若者たちのなかには、それぞれの国でエルヴィスを模倣する「○○版エルヴィス」を名乗る者が現れた。

†「韓国版エルヴィス・プレスリー」南珍

エルヴィス・プレスリーの音楽は、植民地支配からの解放以降アメリカ音楽の影響を受けてきた韓国にももたらされた。

米軍基地のあった梨泰院《イテウォン》などの店でエルヴィスの曲がバンド演奏されたりレコードが流されたりした。一九五〇年代の韓国ではテレビ放送はまだ始まっていなかったが、米軍によるラジオ放送AFKNなどによってロックンロールの世界的スターとしてエルヴィス・プレスリーの音楽が韓国人の間にも徐々に浸透していった。

　韓国でも一九六一年にテレビ本放送が開始され、一九六〇年代後半になって急速にテレビが普及していく。そのような流れのなかで、エルヴィス・プレスリーの影響を受けながらテレビ時代の韓国大衆音楽界に登場したのが南珍《ナムジン》であった。南珍は一九六五年にポップ歌手としてデビューするが、ほどなくしてトロット歌手に転向し「カスマプゲ」をリリースした。

南珍『カスマプゲ』(1967年)

　トロットとは、植民地期以来の歌謡曲の流れをくむ日本の演歌に近いジャンルで、演歌同様に「短調ヨナ抜き五音階」を特徴とする。一九六〇年代のトロットは従来の「オールド・トロット」からゆったりとした曲調の「ミドル・トロット」の時代へと変化していた。女性人気歌手の李美子《イミジャ》によって技巧的に音を上下に揺らす唱法（メリスマ）が用いられるようになったことはその象徴であるといえよう。

　南珍はエルヴィス・プレスリーのいわゆる「骨盤ダンス」を模倣した腰を左右に振るポーズを交えながら、低音を震わせる日本の昭和ムード歌謡のような唱法でミドル・トロットの曲を歌うというパフォーマンスをテレビの音楽番組で披露した。その姿は視聴者の印象に残り、「踊るトロット歌手」と呼ばれ注目された。

さらに南珍は、エルヴィス・プレスリーを模倣した衣装でパフォーマンスするようになる。こうしてトロット歌手として人気を得た南珍はやがてみずから「韓国版エルビス・プレスリー」と名乗るようになった。

†羅勳児とのライバル対決

南珍と同じ時期に人気を得ていた男性歌手に羅勳児《ナフナ》がいる。羅勳児は釜山《プサン》で一九四七年に生まれた。南珍より一歳歳下である。

羅勳児は一九六六年にデビューし、一九六八年に「愛は涙の種」をヒットさせて、一九七〇年代には、韓国大衆音楽のトップスターとして君臨していた南珍と並ぶスター歌手となった。とりわけ一九七二年に発売した「はるか遠い故郷」や「故郷の駅（コヒャンヨク）」によって不動の地位を築き、「トロットの帝王」という異名をもつ。

同世代の羅勳児と南珍は積極的にライバル関係を作り出した。例えば、新曲発表を敢えて同時期に行うことで両者が競争する状況を生み出した。これにより、ファンたちは自分たちの「推し」を競争で勝たせるためにより熱心に応援することとなる。こうして、両者のライバル関係が一九七〇年代前半の韓国歌謡界を大いに盛り上げた。

羅勲児『ゴールデンヒットパレード第1集』(1972年)

だが、このような意図的なライバル関係の創出には思わぬ副作用が伴った。羅勲児が人気絶頂であった一九七二年七月、ソウル市民会館の舞台で割れたサイダー瓶を手にした男に襲撃されるという事件が発生した。これにより、羅勲児は顔に大怪我を負い、七二針を縫う手術を受けた。犯人は羅勲児のライバルとして知られていた南珍の指示によって犯行に及んだと話したことから、警察が南珍の関与を疑う姿勢で捜査を進めた。

これが羅勲児と南珍それぞれのファンを刺激して両者の対立が深まり、一触即発の危機的な状況となった。最終的には南珍の関与は否定され、それが羅勲児と南珍両サイドから発表されたことから事態は収束した。熱狂的なファンが両者に存在していたことを物語る出来事であった。

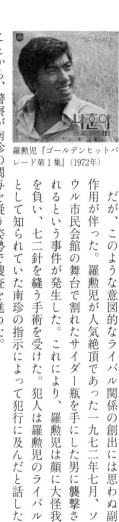

南珍や羅勲児の人気を支えたのは、これまで大衆音楽の主な消費者層ではなかった若い女性ファンたちであった。

特に南珍の若い女性ファンたちは、年上の南珍を「オッパ」と呼んだ。韓国語で「お兄さん」を意味するこの言葉だが、実際の「兄」以外にも女性が年上男性に親しみを込めて使うことが多い。だが、現在のＫ－ＰＯＰファンのように「オッパ」という言葉を歌手の

「推し」に対して使うようになったのはこの頃からである。

南珍がノリの良い曲調の若者向けの歌を主に歌っていたのに対して、羅勲児は静かな曲調の歌を歌ったので、音楽面においても好みが大きく分かれ、南珍のファンの大部分は若い女性たちが占めていたのに対して、羅勲児は中年層からの支持もあった。そのため、若い女性中心のファン層をもつ南珍がファンたちから「オッパ」と呼ばれるようになったのだ。

この時代には現在のようなアイドルはまだ存在しないが、その原型となるのが熱いカメラ目線とパフォーマンス、そして甘美な歌声でテレビの前の若い女性たちの心をつかんだテレビ時代のスターである南珍と羅勲児であった。耳で聴くだけでなく、歌手の姿を観ながら聴くテレビの時代を迎えたからこその現象が、一九七〇年代の韓国で繰り広げられた南珍と羅勲児のライバル対決であった。

†六〇～七〇年代の韓国政治

テレビの時代を迎え南珍や羅勲児が活躍した一九六〇年代から七〇年代にかけての韓国では、軍人出身の朴正熙《パクチョンヒ》による独裁的な政治が行われていた。

一九六〇年の四月革命により、李承晩《イスンマン》初代大統領が失脚した。これに伴って、大統領の権限を縮小し、議院内閣制と二院制を基礎とする新たな国家体制を定めた新憲法が制定された。

こうして首相となった張勉《チャンミョン》を中心とする政権が誕生し、民主化が進められた。その一方で、李承晩政権時代に抑圧されてきた人々の不満の噴出や李承晩政権による不正の発覚などにより、張勉政権のもとで社会的混乱がもたらされた。

このような社会情勢に対して、韓国軍の内部では若手将校らを中心に不満が募っていた。その一人、少将の朴正熙は一九六一年五月に軍事クーデタを起こし（五・一六軍事クーデタ）、クーデタ勢力によって軍事革命委員会が組織された。その後、軍事革命委員会は国家再建最高会議となり、議長に朴正熙が就任して実権を掌握し、さらに大統領権限も代行した。

朴正熙は国家保安法を強化して学生団体や労働組合、政党などによる反政府活動を厳しく取り締まり、諜報工作機関として韓国中央情報部（ＫＣＩＡ）を設置した。その上で一九六二年には大統領への権力集中を定めた憲法を制定し、翌六三年に行われた大統領選挙で朴正熙が僅差で当選し、正式に大統領に就任した。

その後、朴正熙は経済発展を国是《こくぜ》とし、「輸出指向型工業化戦略」を推進した。その一方で反共体制を強化しながら、六〇年代末には改憲によってより強固な権力基盤を手に入れようとする。こうして一九七一年に新憲法のもとで朴正熙は再選を果たすが、長期政権への批判が高まった。

これに対して、朴正煕は強権により批判を抑え込み、一九七二年一〇月には全国に非常戒厳令を布告して国会を解散させ、政治活動を禁止し、大学を閉鎖させた（維新クーデタ）。そして一一月、大統領直接選挙制を廃止し、朴正煕の永久執権《しっけん》への道を開く「維新憲法」により、独裁的色彩をさらに強くした「維新体制」が成立する。「維新体制」はその後、一九七九年に朴正煕が暗殺されるまで継続した。

以上のような強権的な政権のもと、大衆音楽もまた、政治の影響を強く受けることとなる。

†朴正煕政権による規制

朴正煕政権による音楽の規制は二つの制度に依拠していた。

一つ目は、放送法に基づいて放送倫理委員会（一九六二年発足）が行う審査である。放送倫理委員会による音楽の審査は一九六五年から開始された。「公共の秩序を乱す、美風良俗を害する、不健全な内容は放送してはならない」と、放送法に定められていることが審査の根拠となり、不適格とされたものは「放送禁止歌」とされて、テレビやラジオで放送することが禁じられた。不適格の理由としては「低俗」「退廃」「盗作」のほか、「作詞家越北」「倭色」（日本風）といったものがあった。

もう一つは、韓国芸術文化倫理委員会による規制である。放送倫理委員会による禁止が放送に限定されたものであるのに対し、韓国芸術文化倫理委員会による規制はレコードの制作販売から公演まで韓国社会の公的領域において、その音楽が流れること自体を禁じるというものだ。

レコードへの規制は一九六二年から始まっていたが、規制がより強化されるのは「維新体制」反対の動きを封じ込める規制措置を示した大統領令「緊急措置九号」が出された一九七五年であった。

この年、「緊急措置九号」に基づいて韓国芸術文化倫理委員会は「公演活動の浄化対策」なるものを発表した。そこには取り締まりの対象として、①国家保安と国民総和に悪影響を与えるもの、②外来風潮の無分別な導入と模倣、③敗北、自虐、悲観的内容、④扇情的、退廃的内容、の四項目が示された。

この「公演活動の浄化対策」は朴正熙政権期における音楽規制の主軸となった。一九七五年六月、七月、九月の三次にわたって取り締まりが行われ、これにより韓国大衆音楽二二二曲、外国音楽二六一曲が禁止歌に指定された。

また、ここで禁止歌とならなかった曲でも、放送倫理委員会によって放送禁止処分とされることもあった。一九七五年は放送禁止歌が歴代最高の一三三曲に達している。つまり、放送倫理委員会による放送禁止が「公演活動の浄化対策」による規制を補完する役割を果たしていたということである。

†経済発展の矛盾と韓国の若者たち

一九七五年に大々的に断行された音楽への規制において、その主たるターゲットとなったのが若者たちの音楽であった。

一九六〇年代の後半以降、韓国の経済成長は目覚ましく、GDPは一九六五年の約三〇億ドルから五年でおよそ三倍の約八九億ドルに達し新興工業国（NICs）の一つとして注目を浴びるようになった。このような急激な経済成長は「漢江《ハンガン》の奇跡」と呼ばれた。

その背景には朴正煕政権が進める「輸出指向型工業化戦略」があった。この戦略は安価な労働力を武器にして工業製品を安く輸出することで外貨を獲得し、経済成長を実現するというものである。つまり、低賃金で長時間働く労働者の存在を前提とした成長戦略であった。

このような末端の労働者に負担を強いる経済成長戦略のもとで、労働環境の改善を求める若者たちは少なくなかった。だが、朴正煕政権による労働運動への度重なる弾圧によっ

Add4の1stアルバム『卑俗の女人』(1964年)

て政府にその声を届けるのは容易ではなかった。

一九七〇年一一月には、青年労働者がソウルの東大門《トンデムン》市場で焼身自殺するという手段で労働環境の改善を訴える事件（全泰《チョンテ》壱《イル》焼身自殺事件）が発生している。これにより労働運動が激しくなり、さらに労働者たちの闘いに共感した大学生たちも労働環境の改善を求める運動に参加していった。

†社会に抵抗するロックとフォークの勃興

当時、アメリカや日本など西側諸国では、戦後生まれの若い世代によって社会の矛盾を告発したり、ベトナム戦争に反対したりする運動が活発化した。彼らの運動とともにある音楽がロックとフォークソングであった。若者たちは社会に対する抵抗のメッセージをこれらの音楽に乗せて団結していったのである。

韓国では一九五〇年代後半から申重鉉《シンジュンヒョン》が韓国独自のロックのスタイルを追求し、一九六二年に韓国最初のロックバンドであるAdd4（エドフォー）を結成した。当初は米軍基地で「八軍《パルグン》ショー」の舞台に立っていた申重鉉は、一九六四年から韓国社会にその活動の場を移した。新しいロックという音楽がただちに受け入れられたわけではなかったが、次第に若者たちの支持を得て、一九六八年頃からはヒット曲を連発するようになる。こうして、彼らは韓国ロックの立役者としての地位を確立した。

また、一〇代の大半をアメリカで暮らした韓大洙《ハンデス》は一九六九年に韓国で活動を開始し、フォークロックを韓国で紹介した。そして、一九七四年には初の正規アルバム『遠くて長い道』を発売した。

他方、韓国フォークソングは一九七〇年代にフォークギターを手にした大学生たちによって担われた。学生たちが集まる「音楽鑑賞室」でフォークソングは生まれ、それが大学街へと流れていった。

†「浄化対策」と若者たちの音楽

こうして、韓国の若者たちは社会の矛盾やそのなかで喘ぐ声をロックやフォークソングに乗せて表現していくようになる。かような動向は、民主化運動や労働運動など政府に批判的な運動を強圧的に抑え込んできた朴正煕政権にとって無視できないものであった。音楽を通じた若者の抵抗が韓国内でも広がることを警戒したのである。

これらこそ、まさに一九七五年の「公演活動の浄化対策」のメインターゲットであった。

申重鉉は「維新体制」が成立した一九七二年に青瓦台《チョンワデ》（大統領府）から大統領を讃える歌

を制作するよう求められたが拒否し、すでに当局から監視対象とされていた。他方、政権は若者の長髪を取り締まりの対象としていたが、まさにその長髪姿でアメリカのカウンターカルチャーを韓国に持ち込む韓大洙を危険視した。フォークもまた、体制に批判的な内容のものが多く作られていたため、政権側に問題視される。

一九七五年にこれらの音楽は禁止歌とされた。加えて、申重鉉はかなり前に大麻を吸引したことを理由に逮捕されてしまい、韓大洙は文化に対する体制の不穏な空気を感じ取ってアメリカに移った。

こうして、音楽による抵抗の芽を摘もうとする規制の強化によって、大衆音楽は政府の事前検閲によって認められなければ公式に発売することも公演することもできなくなった。この一九七五年は韓国大衆音楽にとって暗黒時代であった。

このような厳しい環境にあって、大学生など若者たちの大衆音楽はコンテスト形式の「大学歌謡祭」を通じて生き延びていった。歌謡界でのデビューを夢見る当時の大学生にとって「大学歌謡祭」はその登竜門であり、多くの人気バンドを輩出した。

のちにSMエンターテインメントを設立してK-POPの発展に大きな役割を果たすことになる李秀満《イスマン》は、「浄化対策」によって韓国歌謡界が衰退していた一九七六年にフォークソングの人気歌手となり、同年の「MBC一〇大歌手歌謡祭」で新人歌手賞を受賞した。

さらに李秀満は翌七七年に「幸福《ヘンボク》」を大ヒットさせるとともに、この年から始まった「MBC大学歌謡祭」において四回連続で司会を務め、歌手としてだけでなく司会者としても人気を得ていった。

4 アイドル文化とダンス音楽――消防車の登場【一九八〇年代〜】

†朴正煕暗殺と全斗煥政権の誕生

一九七九年一〇月、長期にわたって独裁的権力をふるってきた朴正煕が射殺されるという事件が発生した。犯人は朴正煕の部下であった韓国中央情報部長の金載圭《キムジェギュ》であった。金載圭は犯行後ほどなくして軍に逮捕され、済州島《チェジュ》を除いた韓国全土に非常戒厳令が出されるなかで崔圭夏《チェギュハ》首相が大統領代行となる。

その後、一九七九年一二月には崔圭夏が正式に大統領に就任し、「緊急措置九号」は解除された。これにより、学生や労働者を中心にこれまで抑圧されてきた民主化を求める声が高まった。その一方で同じ七九年一二月、韓国軍の内部では朴正煕殺害の捜査を担当していた保安司令官の全斗煥《チョンドファン》を中心とした勢力(新軍部)がクーデタによって軍の実権を掌握した。

一九八〇年五月には、戒厳令解除を要求するデモを民主化勢力が呼びかけ、これに応えて全国で約一〇万人の市民がデモに参加した。このような民主化に向けた動きは「ソウルの春」と呼ばれる。

これに対し、全斗煥ら新軍部は非常戒厳令を全国に拡大してこの動きを抑圧した。この時、金大中《キムデジュン》ら民主化運動の指導者は逮捕され、全斗煥は軍内部のみならず全権を掌握することとなった（五・一七クーデタ）。さらに、民主化運動が盛んであった光州《クァンジュ》に戒厳軍を投入してデモを武力で弾圧し、市民に多くの死傷者が発生した（光州民主化抗争）。

以上のようにして武力を背景に権力の基盤を固めた全斗煥は、一九八〇年九月に大統領に就任した。全斗煥政権はクーデタで中心的役割を果たした新軍部のメンバーを中心にすえ、中央情報部を改編した国家安全企画部や保安司令部を通じて政権批判や民主化運動を弾圧しながら権力を維持する軍事独裁政権であった。

†「3S政策」とカラーテレビの普及

朴正熙政権のもとで強化された音楽の事前検閲制度は、全斗煥政権期においても継続された。これにより、レコード会社から発売されるレコードの収録曲やテレビ・ラジオで流れる音楽はすべて、全斗煥政権による事前検閲をパスしたものばかりであった。

その一方で、文化政策において朴正煕政権と全斗煥政権で大きく異なる点があった。いわゆる「3S政策」である。「3S」とはスポーツ（Sports）、性風俗（Sex）、スクリーン（Screen）の三つをいい、これらエンターテインメントの力で反政府的な動きや政治問題・社会問題から国民の目を逸《そ》らそうとする政策が「3S政策」である。

朴正煕政権のもとでは前述の長髪禁止にみられるように、風紀を乱すと当局が判断した文化を抑圧しようとする傾向が強かった。これに対して全斗煥政権では文化を抑圧するよりも、軍事独裁政権への批判や不満を隠蔽・忘却させるものとして文化の力を積極的に活用する方針をとったのである。

「3S政策」のもとで、スポーツ界ではプロ野球が一九八二年に、プロサッカーとバスケットボール・シリーズが翌八三年に、さらに八四年にはバレーボール・スーパーリーグがそれぞれ発足している。

また性風俗の分野では、一九八二年に三七年間続いていた夜間通行禁止が解除されて性風俗産業の活性化を促した。さらに政府が規制を緩めたことにより、ポルノビデオが氾濫し、ポルノ映画制作が盛んになった。

スクリーン分野では、テレビのカラー放送が一九八〇年になって全国的に開始された。

韓国内では実のところすでに一九七四年にはカラーテレビの受信機が製造されていたが、朴正熙は「奢侈《しゃし》な風潮」を広めるとしてカラー放送を許可しなかった。そのため、日本などと比べてカラー放送開始が遅れたが、3S政策に加えて世界的な流れとしてカラー放送は必要と判断され、ついに韓国もカラーテレビの時代となったのである。さらに八〇年代には、ビデオも一般家庭に普及していった。

†民主化運動と「民衆歌謡」

学生ら民主化運動の側は、軍事独裁政権によるこのようなエンターテインメントを利用した巧妙な統治政策を厳しく批判した。

音楽の分野においても、政府の検閲を経て商業目的で供給される「大衆歌謡」は批判の対象となった。その批判の内容を要約すると、「大衆歌謡」は国民を文化によって飼い慣らそうとする軍事独裁政権に奉仕する音楽でしかない、というものであった。

そして、「大衆歌謡」に反発した学生ら民主化運動や社会運動の担い手たちは、七〇年代末から八〇年代にかけて、政府の規制から自由な場で体制批判や社会問題を提起する「民衆歌謡」を創出していくこととなる。

ここでいう「民衆」とは、「大衆」に対する言葉である。すなわち、無自覚的に体制に

「許可」された文化を消費しながら政治体制や社会問題に対して無関心になっていく「大衆」に対して、みずからの生きる社会における諸問題を認識してそれに自覚的に立ち向かおうとする歴史変革の主体を「民衆」と呼んだのである。

民主化運動が活発化していった全斗煥政権下の韓国では、体制内の商業文化としての「大衆歌謡」とは異なる、大学生たちによって切り拓かれたもう一つの歌の空間が存在した。「民衆歌謡」は「大衆歌謡」のように利潤を追求するものではなかったため、放送やメジャー会社からのレコード販売を意識する必要がなかった。したがって、当局による検閲から自由な創作が可能だったのだ。

民主化を求めるデモや集会で、「民衆歌謡」は大学生たちに必ずといっていいほど歌われた。そこで「民衆歌謡」は問題意識の共有や闘志の高揚、参加者の団結を促す役割を果たしたのである。

そのなかで特に有名な曲が、一九八〇年の光州民主化抗争で命を落とした青年をモチーフにした「イムのための行進曲」である。歌詞の最後にある「生き残ったものよ、あとに続け」という言葉の繰り返しが人々に民主化や社会正義実現のための行動を促す強いメッセージ性をもつ。

全斗煥政権はこの曲を禁止歌としたが、民主化を願う多くの市民によって歌い継がれてきた。「イムのための行進曲」は光州民主化抗争から四〇年以上経過した今日でも、光州民主化抗争追悼式典での斉唱歌として、さらには市民運動や労働運動の現場において、盛んに歌われ続けている。

「民衆歌謡」を歌いながら繰り広げられた民主化運動は、八〇年代中盤になるとより活発化し、一九八七年六月には「独裁打倒」と「大統領直接選挙制」を求めるデモに全国で一八〇万人が参加した。これをうけて、ついに政権側は「六・二九民主化宣言」を発表して大統領直接選挙などの要求を受け入れ、韓国は民主化への道を歩むこととなった。

†李秀満の渡米とSM企画設立

全斗煥政権の登場によって大きな影響を受けた歌手に前述の李秀満がいる。

ソウル大学出身の「高学歴シンガーソングライター」として七〇年代後半の韓国歌謡界を代表する人気歌手の一人となった彼は、一九八〇年にロックバンド「李秀満と三六五日」を結成して韓国で受容され始めたばかりのハードロックを披露するなど、精力的に音楽活動に取り組んでいた。また、MBCラジオの番組「星が輝く夜に」でパーソナリティを務め、人気となっていた。

そのようななかで、全斗煥らによって起こされた五・一七クーデタにより、報道機関を掌握するための言論統制政策として「言論統廃合」が実施された。これにより新聞社や放送局の統廃合が進められ、言論や表現の自由が大きく制限されることとなる。李秀満が放送界における主な活動の場としていた民間放送局のMBC（文化放送）は公営放送KBSが株式の七割を所有する形で実質的な公有化が実施され、MBCに対する新軍部の影響力が拡大した。

李秀満はこのような韓国社会で活動することに限界を感じるようになる。そして、ついに韓国を去ってアメリカのカリフォルニア州立大学ノースリッジ校の大学院修士課程に留学し、コンピュータ工学を専攻してエンジニアを目指す決意をした。

こうして李秀満が渡米した一九八一年、時を同じくしてアメリカでは音楽専門チャンネルMTVが開局する。ビデオが普及した八〇年代には、音楽をメインにした映像作品としてのミュージックビデオが登場し、MTVではそれを一日中流していた。

MTVから流れるミュージックビデオの洗礼を受けた李秀満は大いに衝撃を受け、このアメリカの新しい音楽の形を韓国へ持ち帰り、自身でプロデュースしたいと考えるようになる。一九八五年に修士号を取得した李秀満は韓国に帰国し、ディスコのDJやカフェ経営をしながら資金を集め、一九八九年、ついに現在のSMエンターテインメントの前身となるSM企画を設立した。

†ビデオの時代と音楽

ここで大衆音楽をめぐるアメリカの動向に目を移してみよう。韓国で全斗煥による軍事独裁が行われていた八〇年代、多くの国々でビデオが普及していた。ビデオは、これまでテレビ番組の放送時間に拘束されていた視聴者を解放するとともに、録画された映像と音声を家庭で気軽に何度も再生することを可能にした。

これに伴って一九八〇年代の音楽界にはミュージックビデオが登場する。ミュージックビデオには、映画やテレビドラマなどのBGMとは大きく異なる性質がある。BGMは先に映像があって、それに合わせて付加された文字通り「背景音楽（バック・グラウンド・ミュージック）」であるのに対して、ミュージックビデオは音楽に合わせてその世界観を表現する、音楽をより楽しむために制作されるものである。

つまり、映画やドラマのBGMの場合は、映像が主で音楽が従の関係であるのに対し、ミュージックビデオはそれが逆転した音楽のための映像作品である。

ミュージックビデオはMTVで放送され、徐々に人々に親しまれるようになっていった。

†マイケル・ジャクソンとミュージックビデオブーム

アメリカでミュージックビデオの時代を代表する歌手が、「キング・オブ・ポップ」と呼ばれるマイケル・ジャクソンである。マイケルは一九六〇年代に兄弟によって結成されたジャクソン5に参加し、リードシンガーとしてその天才的というべき歌唱力が評価された。一九六九年にモータウンからメジャーデビューしたジャクソン5は、一九七〇年代のアメリカで人気を得た。

一九七九年に発表したマイケルのソロアルバム『オフ・ザ・ウォール』が全米で八〇〇万枚を売り上げる大ヒットを達成すると、ソロ歌手として高い評価を受けるようになった。ブラック・ミュージックが流行した七〇年代アメリカにおいて、マイケルのこのアルバムはその集大成として、八〇年代のアメリカ音楽シーンへの橋渡し的役割をしたといえるだろう。

その後、一九八〇年代にはソロ活動を精力的に行ない、「スリラー」や「バッド」などの大ヒット曲を連発した。前述の同名のアルバムに収録された曲「オフ・ザ・ウォール」と、八〇年代の「スリラー」「バッド」はマイケルの三部作といわれる。

なかでもマイケルが世界的ポップスターとしての確固たる地位を築くことになったのが、一九八二年に発売した「スリラー」のヒットである。そのヒットに大きな役割を果たしたのが、ミュージックビデオであった。

マイケル・ジャクソン『スリラー』（1982年）

もちろん、それ以前からミュージックビデオは制作されていた。だが、その多くはレコーディングシーンなど歌手が歌っている姿をただ収録したものが一般的であった。

これに対し、八三年にジョン・ランディス監督によって制作された「スリラー」のミュージックビデオは、これまでの常識を覆すようなインパクトのある内容であった。ホラー映画のような本格的演出で、マイケルが得意とするステップやターンを駆使したダンスを披露しながら、ゾンビたちと踊るという奇抜なアイデアにより、ミュージックビデオを通して人々がマイケルにより注目するようになったのである。

「スリラー」が収録された同名のアルバムは空前のヒットとなり、これを「史上最も売れたアルバム」と認定したギネス世界記録によると、全世界で約六六〇〇万枚を売り上げたとされている。その後も売り上げをのばし、二〇一五年の時点で一億五〇〇〇万枚を超えている。

また、一九八三年発売の「ビリー・ジーン」のミュージックビデオも大きな話題となり、これまで黒人ミュージシャンの作品放映に否定的であったＭＴＶで放映された。これらの成功により、マイケル・ジャクソンの音楽作品においてミュージックビデオは欠かせないものとなった。

　こうして、マイケルによる革新的な作品が次々と発表され、ミュージックビデオブームが起こりMTVは成長していった。その流れのなかで、マイケルのようなダンスミュージックがさらに台頭し、八〇年代末から九〇年代にかけてのダンスブームの基礎となった。

　現在のK－POPにおいて、さまざまな演出を凝らしたミュージックビデオは欠かせない要素となっているが、その原点は、渡米した李秀満が、マイケル・ジャクソンやMTVと運命的に出会ったことにあった。

†ヘッドフォンステレオとCDの普及

　ビデオと並んで一九八〇年代に普及した新製品として、ヘッドフォンステレオがあった。これまで音楽を聴取する場合、レコード、ラジオ、テレビのいずれにおいても、スピーカーを介して流れる音を聴くものだった。スピーカーから流れる音は周囲に拡散するために、意図的にこれを聴こうとする人ばかりでなく、たまたまその場に居合わせた人たちも、その意思にかかわらず聴衆にするという性格をもっていた。

　ところが、ヘッドフォンステレオは、周囲と隔絶して自分だけが音楽を楽しむことを可能にした。同じ空間にいる人も、ヘッドフォンで何を聴いているのかはわからない。つまり、音楽聴取が個人化していくことになったのである。

加えて、ヘッドフォンステレオで使用するデバイスの変化が、この動きを加速化していく。当初はアナログのカセットテープであったが、徐々にCDなどのデジタル媒体へととって代わられる。CDは日本のソニーとオランダのフィリップス社が共同開発したもので、一九八二年に市販されている。ソニーがCDを普及させるために戦略的に安価なCDプレイヤーを生産販売したことで、CDは急速に普及した。

デジタル音源はアナログ音源よりも選曲がボタン一つでできるというメリットがあり、より気軽に自分好みの音楽空間を作り出すことが可能になった。

聴取の個人化は、すでにラジカセが一〇代の若年層に普及して以降徐々に進行していた。その流れをヘッドフォンステレオが決定づけ、個々人の好みにより対応した大衆音楽の供給を促すこととなったのである。

†ジャニーズ事務所の成長と少年隊の衝撃

音楽聴取の個人化の進展に伴い、その主たる享受者である一〇代をターゲットとした大衆音楽が七〇年代後半から八〇年代にかけて日本で急成長した。それが、アイドル音楽である。

日本のアイドル産業は、ターゲットとなる層と同世代の歌手を異性愛的観点から選抜してデビューさせてファンを獲得する、という方法で成功を収めた。

つまり、アイドルは消費者たるファンたちにとって、アーティストとしての性格よりも疑似恋愛の対象としての意味合いが大きかったのである。そのため、歌唱力よりも、異性愛の対象としてのビジュアル、「かっこよさ」や「かわいさ」がより重視される傾向があることは否めなかった。

そのようななかで、アイドル音楽を追求して成長したのがジャニーズ事務所である。ジャニーズ事務所は少年時代を日本で過ごした日系二世のアメリカ人ジャニー喜多川によって、一九六二年に設立された。彼はロサンゼルスで高校生活を送っていた際、劇場でのアルバイトなどを通して、舞台芸術、とりわけミュージカルに関心を示すようになる。

そして、再び日本に戻っていた時に映画「ウェストサイド・ストーリー」に触れたことで、日本のエンタメ界への参入を決める。ミュージカルのように、歌って踊るアメリカの舞台芸術を日本で作り上げたい、というのがジャニーズ事務所設立の原点であった。

一九六四年、ジャニーズ事務所は最初の所属グループであるジャニーズをデビューさせ、一九六八年にはフォーリーブスもデビューさせた。整った顔立ち（いわゆる「ジャニーズ系」）の少年が歌って踊るパフォーマンスを披露するというその後のジャニーズ事務所のスタイルは、フォーリーブスのメンバー北公次《きたこうじ》に始まる。

その路線を受け継いで、一九七二年には、フォーリーブスのバックダンサーであった郷ひろみがデビューした。郷は七五年に事務所を移籍してしまうが、さらに七七年に川崎麻世《かわさきまよ》がデビュー。川崎は当時、世界の音楽シーンで注目されていたディスコの楽曲を歌った。作曲は筒美京平《つつみきょうへい》である。

八〇年代に入ると田原俊彦や近藤真彦がジャニーズ事務所からデビューし、アイドル全盛期を迎えた。近藤真彦の「ギンギラギンにさりげなく」（一九八一年）や田原俊彦の「ラブ・シュプール」（一九八二年）などもまた、筒美京平の作曲によるディスコ曲であった。このようにして、アメリカ音楽の影響のもと歌って踊れるアイドル歌手がジャニーズ事務所から次々と生まれていったのである。

こうしたジャニー喜多川によるエンターテインメントの最高傑作とされるのが、三人組男性グループの少年隊である。少年隊は一九八五年一二月に「仮面舞踏会」でデビューするやいなや各音楽チャートで一位を獲得し、瞬く間にトップアイドルとなった。

少年隊は、これまでのディスコ音楽の流れを引き継ぎつつ、ミュージカルのような世界観をもつパフォーマンスでよりパワフルなステージを繰り広げた。ダンスではバク転などアクロバティックなパフォーマンスを繰り返し、観る者を圧倒した。

日本列島を席巻した少年隊のパフォーマンスは、周辺諸国でも注目されるようになる。当時の韓国では、日本の音楽の放送や公的な場での演奏、音源の発売は禁止されていたが、非合法なビデオテープ流通や、釜山など日本に近いエリアでの日本のテレビ放送受信などによって少年隊のパフォーマンスを目にする韓国人もいた。少年隊は彼らに大きな衝撃を与えた。

†韓国初のアイドルグループ、消防車

韓国のエンターテインメント業界で、日本の少年隊の活躍に注目したのが、のちにＤＳＰメディアを設立してＫＡＲＡなど多くのＫ－ＰＯＰスターを世に送り出したイ・ホヨンであった。イ・ホヨンは、「韓国芸能界のゴッドファーザー」ことハンバッ企画社長のヤン・スングクに誘われて一九八一年に業界入りし、同社に勤務していた。

消防車「ゆうべの話」(1987年)

イ・ホヨンはヤン・スングクとともに、韓国でも少年隊のようなアイドルを育成したいと考え、一九八七年に少年隊からインスピレーションを得た消防車《ソバンチャ》を結成し、デビューさせた。消防車はチョン・ウォングァン、イ・サンウォン、キム・テヒョ

ンによる三人組男性グループで、少年隊を模倣したアクロバティックなパフォーマンスを取り入れた「ゆうべの話（オジェパム・イヤギ）」が大ヒットした。

その後も「通話中（トンファジュン）」、「一級秘密（イルグッピミル）」（いずれも八八年発売のセカンドアルバムに収録）などのヒット曲を連発して、一九八八年に「ゴールデンディスク人気歌手賞」および「ＫＢＳ一〇大歌手賞」を受賞し、翌八九年には「ＭＢＣ一〇大歌手賞」を受賞している。

イ・ホヨンは、消防車のプロデュースを成功させたことで、韓国においてアイドル産業が成立することをみずから証明してみせた。こうして彼は、一九九一年に独立して大成《テソン》企画（のちのＤＳＰメディア）を立ち上げ、九〇年代後半から始まるＫ‐ＰＯＰの成立と発展に貢献していくことになる。

†消防車の剽窃疑惑と「韓国のマドンナ」金緩宣

こうして名声を得た消防車であったが、少年隊を模倣したそのスタイルのために剽窃疑惑が提起されることもあった。その代表的な例が、「通話中」に対する批判である。曲から衣装、ダンスにいたるまで少年隊が一九八六年にリリースした「ダイヤモンド・アイズ」にそっくりではないか、という批判を受けたのである。

これまでみたように、韓国の大衆音楽は長年にわたって日本の大衆音楽からの大きな影響を受けつつ、そこから学びながら韓国人による創作活動を続けてきた。しかし、そのようなあり方は盗作や剽窃の危険性を常に孕んでいた。

一方でアメリカの音楽から直接影響を受けたものもあった。マイケル・ジャクソンと並ぶ八〇年代の洋楽スターといえばマドンナがいるが、「韓国のマドンナ」とされる韓国の歌手が一九八六年デビューの金緩宣《キムワンソン》である。

彼女はMTVに登場する洋楽アーティストのように、当時としては他の追随を許さないダンスパフォーマンスを披露して、のちに「韓国初の女性ソロアイドル」と呼ばれる地位を獲得し、「ピエロは私たちを見て笑う」（一九九〇年リリース）などのヒット曲を生み出した。事前の訓練によって歌唱やダンスのスキルを向上させた上でデビューするという金緩宣のとった方式は、現在のK－POPの先駆けであったといえよう。

「ピエロは私たちを見て笑う」収録の金緩宣5thアルバム（1990年）

このように、韓国の大衆音楽は八〇年代にいたるまで、日米の音楽から大きな影響を受けていたのであった。

†二〇世紀のトランスナショナルな文化の流れ

独立後の韓国は、政治的、経済的、文化的に日本の影響下に飲み込まれてしまうことを警戒しながら、その一方で「日本に追いつき追い越せ」というように、日本をモデルとした発展を目指してきた。大衆音楽においてもまた、「倭色歌謡」の「浄化」が叫ばれる一方で、日本の大衆音楽はアメリカ大衆音楽と並ぶモデルであった。

もっとも、韓国大衆音楽がアメリカや日本から学び、模倣しようとするのは二〇世紀のトランスナショナルな文化の流れからみると必然的なことであった。大衆音楽はアメリカから始まり、韓国にはアメリカからの直接的なルートと日本を経由するルートを通って最新の音楽がもたらされた。この二つのルートから最新の音楽に触れた韓国の人々が韓国に根付いた新たな音楽を生み出してきたのである。

日本もまた、ジャニーズ事務所の事例のように、アメリカの音楽を受容し、模倣しながら、日本に根付いた新たな音楽を生み出してきた。その過程では多くのアメリカ大衆音楽が「参照」され、時には参照の域を超えるようなケースもあった。韓国の場合はアメリカに加えて近隣の日本という存在が大きく作用したということだ。

しかしながら、日本の音楽が韓国に一方的に受容されていたというわけでない。特に七〇年代後半から韓国の音楽が日本で受容される現象がみられるようになった。次章では、戦後の日韓関係の変遷を視野に入れながら、二一世紀のＫ－ＰＯＰブームに先駆けた七〇年代から八〇年代にかけての「韓国ブーム」とその背景についてみていきたい。

第2章

戦後日韓関係と「韓国ブーム」

――「韓国といえば演歌」の時代

日本社会の韓国への偏見に一石を投じた『平凡パンチ』(1985年新春合併特大号)の「一冊丸ごと韓国特集」

1　戦後の日韓関係

†サンフランシスコ講和条約と日韓交渉の開始

戦後の日本で韓国の大衆文化が受容されるまでには戦後日韓関係の紆余曲折があった。したがって、七〇年代から八〇年代にかけての「韓国ブーム」の背景を理解するためには戦後日韓関係の大枠を知っておく必要があるだろう。

そこでまず、韓国政府樹立以降の日韓関係について概観しておきたい。

一九四五年に日本の植民地支配から解放された朝鮮半島の南部では、米軍政期を経て一九四八年に韓国政府が樹立され大韓民国が成立した。この頃、敗戦国である日本は米軍を中心としたGHQの占領下にあり、日本が占領状態を脱するためには戦勝国と講和条約を締結する必要があった。当時の世界は冷戦の時代に突入しており、朝鮮半島も南北に分断状態となってしまっていた。

このような状況下で、日本政府はソ連などを除いた西側諸国とのみ講和条約を締結する道を選んだ。こうして、サンフランシスコ講和会議が行われることになったが、これに韓国が参加を希望する。アメリカは当初、韓国の参加に肯定的な態度を示していたが、「交戦国でない」という理由で日本やイギリスが強く反対したため、最終的にはアメリカも韓国の参加を認めなかった。

そのため、日韓間の戦後処理問題は、サンフランシスコ講和条約とは別の交渉によって処理されなければならなかった。そのようななか、日本占領期の一九五一年にGHQが仲介して日本と韓国の予備交渉の機会を作ろうとした。GHQにとって、在日韓国人の法的地位を明確にすることは占領政策における課題の一つであった。そのための協議の場を準備したのである。

こうして、五一年一〇月に独立後の韓国と日本が初めて協議をする場が設けられた。ここにはGHQ外交局長であったシーボルトが同席している。戦後の日韓交渉には当初からアメリカが深く関与していたのである。この協議において、一九五二年二月に本会議を開催することで日韓双方が合意した。これにより日韓交渉が本格的に始まることとなった。

†交渉の難航と久保田発言(第一次〜第三次会談)

こうして一九五二年二月一五日から四月二五日にかけて、第一次会談が行われた。ここでの大きなテーマは二つあった。一つは外交関係の樹立、もう一つは植民地支配をめぐる請求権問題であった。このうち会談の重点をどこに置くべきかで日韓双方の立場には大きな隔たりがあった。

日本側は外交関係の樹立を重視し、過去の問題については不問にする立場をとった。これに対し韓国側は植民地支配の清算を日本側に強く求め、韓国併合条約をはじめとした植民地化の過程で結ばれた諸条約の無効確認を要求した。

加えて、韓国側は日本に対して、持ち去った美術品や資産の返還、徴用韓人の未払賃金など八項目を示して請求権を主張した。これに対抗するために、日本側は朝鮮半島に残された在朝日本人財産に対する請求権を主張した。このような日本側の主張は、韓国の請求権を否定するばかりでなく、植民地支配を肯定するものであるとの韓国側の反発を招いて決裂した。

その後、アメリカの働きかけによって、一九五三年四月一五日から七月二三日にかけて第二次会談が行われた。しかし双方の溝は埋まらず、日本の提案で休会されたまま、会談は自然と立ち消えとなった。

同年一〇月六日からの第三次会談では引き続き請求権問題がテーマとなったが、その話し合いにおける日本側首席代表の久保田《くぼた》貫一郎《かんいちろう》による発言が韓国の世論から大きな反発を招くことになった。

韓国側が植民地支配による被害を訴えて請求権を主張しているのに対して、久保田が「植民地統治には良い面もあった」などと発言したのである（久保田発言）。さらに岡崎勝男《おかざきかつお》外務大臣が記者を前に「当たり前のことを当たり前に言っただけ」と久保田を擁護する発言をしたことから、韓国側の反発はより強くなった。

この久保田発言により、日韓会談はその後四年あまりの間中断を余儀なくされることとなった。

†政治的決着へ（第四次～第七次会談）

久保田発言によって日韓会談再開の目処《めど》が立たないなか、一九五七年二月に日本で岸信介《きしのぶすけ》が総理大臣に就任する。岸は保守系政治家のなかでも反共的立場を明確に打ち出した政治家で、東アジアで共産主義勢力に対抗するために日米同盟を重視するとともに対韓積極姿勢を鮮明にしていた。

岸政権のもとで久保田発言の撤回が韓国側に伝えられ、会談再開が実現した（第四次会談、一九五八年四月一五日～一九六〇年四月二五日）。しかし、韓国側は在日朝鮮人の北朝鮮帰還事業に日本政府が積極的な姿勢を示していることに反発して交渉は難航する。さらに、一九六〇年に韓国で四月革命が発生して李承晩政権が崩壊したため、会談は終了となった。

四月革命後に成立した張勉政権は選挙公約に「対日国交正常化」を掲げており、李承晩政権よりも積極的に日本側との交渉に応じるのではないかと日本政府は期待した。日本政府は小坂善太郎《こさかぜんたろう》外務大臣を訪韓させ、韓国政府と日韓会談再開で合意した。日本の外務大臣が韓国を訪問したのはこれが最初であるが、それほどまでに日本側の張勉政権への期待が大きかったということであろう。

これにより、一九六〇年一〇月二五日から第五次会談の予備会談が開かれた。予備会談では日韓双方が本会議における短期間での政治的決着を目指していた。ところが、朴正熙による軍事クーデタによって六一年五月一六日に会議は中断し、結局、本会議は一度も行われることがなかった。

新たに誕生した朴正熙政権は、反共的立場とともに体制安定のための経済発展を志向していた。また、アメリカは東アジアにおける反共体制の強化を図ろうと、日韓会談の進展を後押しする。こうして朴正熙政権のもとで第六次会談と第七次会談が行われた。

会談では賠償や補償の要求をあくまで受け入れない日本側の立場が考慮され、それとは異なる「経済協力」による政治的決着を図ることが模索された。

この路線を決定づけたのが、一九六二年一一月に行われた日本の大平正芳《おおひらまさよし》外務大臣と韓国の金鐘泌《キムジョンピル》中央情報部長による会談であった。この会談で日本が韓国に対する経済協力として無償で三億ドル、有償（ODA）で二億ドルなどの援助を行うことが合意された。

経済協力による決着は韓国国民の反発を買い、一九六四年から翌年にかけて大規模な反対運動が繰り広げられた。これに対して朴正熙政権は暴力によって弾圧を加え、一九六五年六月二二日に日韓条約が両国政府間で調印された。

†日韓条約と残された課題

日韓条約は植民地支配に起因する諸問題などの懸案を解決した上で締結されたというよりも、冷戦下でのアメリカの世界戦略や日韓の政治的、経済的思惑を優先して懸案を「棚上げ」するものであった。

アメリカは東アジアで共産主義に対抗するために日韓の連携を期待していた。また、日本は高度経済成長期にあって、韓国の市場と安価な労働力に魅力を感じていた。他方、「輸出指向型工業化戦略」を進める韓国の朴正熙政権は、低賃金、長時間労働といった自国民の犠牲を払ってでも、経済成長した日本との関係強化は韓国の経済発展につながると考えた。このような三者の思惑が絡まり合って、条約締結へと向かわせたのである。

特に韓国が主張してきた請求権問題が「経済協力」という形になったことについて、日韓条約締結当時の椎名《しいな》悦三郎《えつさぶろう》外相は一九六五年一一月一九日の参議院本会議での答弁でその意図を説明した。答弁の内容は、「賠償の意味をもっておるものだというように解釈する人があるのでありますが、法律上は、何らこの間に関係はございません」と経済協力には「賠償の意味」はないと確認した上で、「新しい国の出発を祝うという点において、この経済協力を認めた」とするものであった。

つまり、日本の韓国に対する「経済協力」はいわば韓国独立の祝い金であって、賠償でも、あるいは賠償に代わるものでもないことを日本政府として強調したのである。

また、併合条約など植民地化以前に締結された諸条約の有効性について、条約には「もはや無効」と記されたが、これについて韓国側は「当初から無効」と解釈したのに対して、日本側は「今となっては無効」と解釈したのであった。

こうした玉虫色の政治決着は、今日にいたるまで過去の清算をめぐる日韓の葛藤を生み出す要因となっている。

†六〇年代後半〜七〇年代前半の日韓交流

かような課題を残した一方で、日韓条約が締結されたことにより、日韓交流の機会が少しずつ増えてきたのも事実である。しかし、六〇年代後半から七〇年代前半にかけての交流は政界や経済界が中心であった。

政治決着を図りながら日韓条約締結が急がれた理由として、共産主義勢力への対抗として日韓そしてアメリカが連携する必要性を日韓双方の政府が感じていたことがあった。ベトナムでは日韓条約締結と同年にベトナム戦争が勃発している。

そのため、反共陣営の結束という観点から、日韓の保守政治家間の交流が進められた。一九六八年から毎年、「日韓議員懇談会」が開催され、七二年には「日韓議員懇親会」が発足、七五年に「日韓議員連盟」へと発展している。日韓議員連盟には、日本から自民党や民社党の「親韓派」が参加し、それ以外の政党からの参加は八〇年代の民主化までなかった。このことに象徴されるように、日韓議員連盟には当初、反共的性格が色濃くあったのである。

そして、何よりも経済交流の強化こそが、日韓条約締結の当面の目的であったことから、経済分野における協力関係は条約締結後に深まった。結果として、韓国の日本向け工業製品輸出は増大していった。しかしその一方で、不均衡な貿易関係によって韓国の対日貿易赤字は増大した。

国交が樹立されたことにより、人的交流も拡大した。だが、七〇年代初頭まではビジネスを目的とするものがほとんどであった。その後、次第に日本から観光目的で訪韓する日本人が徐々に増え始めた。しかしながら、海外旅行の制限などさまざまな制約によって韓国から訪日する観光客は少なかった。

他方、日本を訪問していた野党指導者の金大中が七三年八月、韓国中央情報部によって拉致《らち》される事件（金大中拉致事件）が発生すると、民主化運動を弾圧する朴正煕の「維新体制」への批判が日本で高まった。

これにより、日本国内で韓国の民主化運動との連帯を模索しようとする動きが表れ、和田春樹ら知識人を中心に日韓連帯連絡会議が結成される。こうして、市民運動レベルでも日韓の交流が深まっていった。

雑誌『世界』には七三年五月号から八八年三月号まで、匿名で「T・K生」を名乗る筆者（池明観《チミョンガン》）の連載「韓国からの通信」が掲載され、独裁政権による厳しい弾圧とそれに対する学生や市民の抵抗が日本に伝えられた。

†在日韓国人社会と韓国大衆音楽

政治経済分野における日韓交流が活発化したのに比べて、国交樹立からしばらくの間、大衆文化における交流は活発であるとは言い難い状況であった。そのようななかで、日本社会の韓国大衆音楽受容に大きな役割を果たしたのが在日韓国人の存在である。

日本社会でマイノリティとして暮らす在日韓国人は、民族的アイデンティティを維持するために、韓国の言語や文化に積極的に触れようとする姿勢が強かった。音楽においてはとりわけ、民謡やチャンゴのような伝統音楽が民族教育として重視されてきた。その一方で韓国の歌謡曲もまた、植民地期に日本に渡ってきたオールドカマーの在日韓国人一世たちにとって心の慰めとなった。

このような在日韓国人たちの要望に呼応するように、一九六五年の国交樹立直後から韓国人歌手による在日韓国人向けの日本公演がたびたび行われるようになった。一九六五年には「ソウルオールスターパレード」として、白年雪や李銀波《イウンパ》ら当時韓国で人気のあった歌手たちが来日して公演を行っている。

韓国の大衆音楽に関心を示す日本人が極めて少ない時代にあって、在日韓国人社会は祖国との文化的な繋がりを強く求めていた。その求めに応じて、韓国の歌手が来日公演を行ったのである。これが一九七〇年代前半頃までの日本における韓国大衆音楽受容の主要なルートとなった。

2　八〇年代日本の「韓国ブーム」

✝李成愛の日本デビュー

一九六九年、女性ソロ歌手のパティ・キムがいち早く日本デビューして「サラハヌ・マリア（いとしのマリア）」をヒットさせ、韓国人歌手の日本進出の先駆けとなった。

さらに、七〇年代に入って各方面で韓国との接触機会が増えることで、七〇年代後半になると韓国の大衆音楽を楽しもうとする日本人が少しずつ増えていった。

その流れを決定的にしたのが、韓国の女性シンガー李成愛《イソンエ》の日本デビューであった。李成愛は朝鮮戦争中の一九五二年生まれである。七一年に韓国でデビューし、七三年の「MBC一〇大歌手」女性新人賞を受賞するなど、歌手として高く評価されていた。

こうして韓国で人気歌手となった李成愛は、七七年に日本デビューする。デビュー曲は南珍のヒット曲「カスマプゲ」の日本語カバーであった。

他方、李成愛の韓国でのデビュー曲「愛の小屋」はポピュラー音楽であった。その後カーペンターズのカバー曲をリリースするなど、彼女は必ずしもトロットだけを歌う歌手ではなかった。

しかし彼女は、日本歌謡界ではトロットに近い演歌の歌手としてポジションが与えられた。その背景の一つとして、李成愛が受け入れられたのがカラオケという新たなツールを通してであったことがある。

カラオケは、戦後日本で生まれた音楽文化である。一九六〇年代後半から日本にはその原型が存在したが、一九七〇年代に入って八トラック（いわゆる「八トラ」）が普及したことによって親しまれるようになった。現在のようなカラオケボックスが登場する以前は、主にスナックなど中年男性が女性の接待を受ける飲食店に設置され、客を楽しませるもので、そこで好まれたコンテンツが演歌であった。

李成愛が日本デビューした頃、日本の夜の街には韓国人女性が客を接待するバーやスナックが増え始めていた。そこに設置されたカラオケで、日本の中年男性たちが韓国の歌を歌ったり、接待する韓国人女性に韓国の歌を歌うよう求めたりした。日本に韓国歌謡曲のカラオケが登場したのはこの頃であった。

李成愛「カスマプゲ」(1977年)

こうしてカラオケの主たる利用者であった中年男性らの好む演歌が、李成愛の日本における活動のフィールドとなったのである。

李成愛という人気歌手の登場は、「近くて遠い国」韓国に対する関心を高める契機となった。こうして、八〇年代にかけての「韓国ブーム」が日本で起こった。

†「韓国ブーム」の多様な展開

李成愛の日本デビューをきっかけに始まった「韓国ブーム」は音楽だけにとどまらず、八〇年代の日本でさまざまな分野に拡大していった。

韓国への関心が高まるなかで、韓国を旅行してみずからの目で韓国に触れようとする日本の若者が現れた。「暗く、窮屈な独裁国家」という当時の韓国イメージとは異なる、直接目にした韓国の姿を記そうとした関川夏央《せきかわなつお》の旅行ルポ『ソウルの練習問題——異文化への透視ノート』が一九八四年に刊行されている。

さらに、同じ年にＮＨＫの語学番組「アンニョンハシムニカ・ハングル講座」が放送を開始し、別冊宝島の一冊として韓国の社会、歴史、文化を紹介する『朝鮮・韓国を知る本』が刊行された。

また、バックパッカーなどが利用する旅行ガイドブック『地球の歩き方』に一九八六年、韓国編が登場した。これもまた、韓国に直接触れたいという日本人のニーズに応えたものである。

一九八八年にオリンピックのソウル開催が決定したことで、日本で韓国への関心がより高まって、その対象が言語、社会、文化にまで広がっていたことがうかがえる。七〇年代までの日本社会では、人々が韓国に関心をもつことすら稀であった。日本人は国交正常化から二〇年近くが経過したこの時期になってようやく、ソウルオリンピックに便乗する形で、隣国である韓国について積極的に知ろうとする姿勢を示し始めたのである。

そして、このような関心に応える雑誌の特集号が登場した。

†『平凡パンチ』の「一冊まるごと韓国特集」

日本社会の韓国への関心の高まりを踏まえて、若年男性向け雑誌『平凡パンチ』は、一九八五年新春合併特大号のテーマを「一冊まるごと韓国特集」とした。これに対して「韓国を消費の対象として見ている」という批判が韓国であった。

その一方で当時、韓国を若者目線で大々的に紹介する雑誌はなく、韓国のさまざまな姿に触れようとする日本の若者の関心に応え、韓国に対する若者の認識を変化させるものであったといえよう。表紙で韓国を「カッコいい」と表現したこの特集号は、韓国への日本社会の偏見を打ち破る内容であった。

冒頭のカラーページでは、当時のディスコブームを反映して「アジア最強のディスコ・クラブは今、ソウルにある」として写真入りでソウルのメンバー制クラブ「XANADU（ザナドゥ）」を紹介している。冒頭から当時の日本人がもつ韓国のイメージを覆すような記事である。

さらに、「韓国及びソウルに関しての報道が今まで偏っていたのではないかというのが、現地にいってみたPUNCH取材班の最初の印象だった」として、これまでの報道が間違っているわけでないが、韓国の一面しかみていなかったのではないかと問題提起する。

その上で、治安の良さを強調しつつ高層ビルが立ち並ぶソウルの街並みを写真入りで紹介する。グラビアでは、ソウルで購入したファッションを身にまとった男性モデルが、ハングルで映画を宣伝するおしゃれな看板の前でポーズを決めている。ソウルを「未来都市」「ファッション都市」と形容して、さらに読者の韓国イメージを覆していく。まだ近くに米軍基地があった当時の梨泰院《イテウォン》での夜遊びルポもある。

ほかにも、日米など海外で高い評価を受けていた韓国人芸術家ナム・ジュン・パイクのインタビューを掲載し、前衛的な韓国芸術を紹介している。一九三二年生まれの彼は東京大学を卒業しているので、日本語によるインタビューが可能であった。

これ以外にも、板門店《パンムンジョム》のルポや韓国プロ野球、大学受験や兵役など韓国の若者の苦悩、オリンピック会場や韓国産自動車・オートバイの紹介、若手演劇のレポート、韓国国鉄の特急セマウル号乗車体験、釜山観光といった多種多様な韓国関連記事が盛り沢山となっている。

†買春ツアーへの批判

他方、当時の男性雑誌では定番であったセクシー系記事も掲載されている。当時は全斗煥政権による「3S政策」によってポルノ映画が流通していたが、これを紹介する記事がある。さらに、ソウルで一人暮らしをする女子大生の「お宅訪問」記事や韓国人女性モデルのセクシーグラビアもある。

また、「韓国の女たちの足はとびきりだ」との見出しで、韓国人女性の体型を性的な視線で記述する記事もみられる。これらは韓国人女性を性的消費の対象とした記事だと批判されても仕方ないであろう。

しかしながら、その一方で当時、日本人中年男性によって行われていた韓国への買春ツアー＝「妓生《キーセン》観光」を痛烈に批判するレポートが掲載されている。「妓生観光をけっとばせ！　ソウルの鏡には日本人の性欲が映っている」と題する記事である。

記事によれば、当時の訪韓日本人観光客は五〇万人台でその約九割以上が男性、うち八

○パーセント近くが「おじさん」だという。そして、このアンバランスな性別・年齢構成こそが「妓生観光」という当時の日韓関係の一面を雄弁に物語っているとする。

記事は読者に対して、「妓生観光」が韓国人の目に「どんなふうに見えるか」と問いかける。さらに、「妓生観光」を終えて帰国した男性たちがその「冒険物語」を吹聴《ふいちょう》することで日本人女性たちの韓国イメージを悪化させるとし、「この悪循環が、韓国をドンドン日本の親しむべき友邦の座から遠ざけ」たとして「韓国の日本のなかでのステイタスに泥をぬったのははっきりいって、中年男性たちのうすぎたない性欲なのだ」と厳しく批判する。

記事に添付された写真のキャプションには「金にまかせて遊ぶのはもうやめよう」と書かれ、「恋はいくらでも街にころがっている」として金銭を介在させない韓国人女性との恋愛を指向している。

一般の韓国人女性に対する別のインタビュー記事でも、日本について語るなかで女性が「観光に来る人の動機、不純なものが多いですよね」と発言したことをうけて、記事は「僕らは若い、オッサン達とは違う新しいコミュニケーションを実現して、彼女たちの日本観をもっともっといいものにしたい」と締めくくっている。

経済力によって日本が韓国を圧倒する不均衡な日韓関係を男女の関係に象徴させつつ、

旧世代たる「おじさん」「オッサン達」のものとして批判し、これに代わる新たな日韓関係を模索する当時の日本の若者たちの姿がうかがえる。「韓国ブーム」により日本人が韓国に触れる機会が増えたことで、新たな日韓関係を模索する契機となったといえるだろう。

†「韓国ブーム」と「日韓新時代」

このように八〇年代にピークを迎えた「韓国ブーム」には、政治的な日韓関係の動向も影響していた。

八〇年代には日米韓三国において反共的傾向の強い政権が誕生する。すなわち日本の中《なか》曽《そ》根《ね》康弘《やすひろ》政権、アメリカのレーガン政権、そして韓国の全斗煥政権である。これらの政権は新冷戦といわれた当時の国際環境のなかで関係強化を進めていった。

日本では中曽根康弘の前に首相であった鈴木《すずき》善幸《ぜんこう》が自民党の中では穏健派であったため、韓国の全斗煥政権が求めていた「安保がらみの経済協力」に難色を示し続けていた。ところが、一九八二年に誕生した中曽根政権は共産主義諸国への対抗のため、韓国との関係を強化する道を選んだ。

中曽根はまず、鈴木政権時代に日本の歴史教科書の記述をめぐる問題などで悪化していた日韓関係を修復すべく、一九八三年年頭に日本の首相として初めて韓国を公式訪問し、日韓首脳間の関係を深めた。

当時、アメリカのレーガン政権は日韓両国に地域安全保障の役割分担を求めていたが、中曽根のこのような姿勢はレーガン政権の意図にかなうものであった。中曽根は訪韓後に日韓協力の深化を「お土産」にしてアメリカを訪問し、レーガン大統領と首脳会談を行っている。

安全保障上の理由から日韓関係を重視した中曽根は、一九六五年の日韓条約では明記されなかった「過去の清算」について限定的ながら言及するようになる。

前述の初訪韓の際に、中曽根は韓国側主催の晩餐会で韓国語による挨拶を交えつつ、「過去において不幸な歴史があったことは事実」で「厳粛に受け止めなければならない」と表明している。その翌年の一九八四年の全斗煥訪日の際には昭和天皇が「お言葉」で「両国の間に不幸な過去が存したことは誠に遺憾《いかん》」だと伝えた。

日本では韓国の民主化運動に連帯する団体や個人から、軍事独裁政権である全斗煥政権との関係強化に反対する声があがった。しかし、主要メディアは全斗煥を軍事独裁政権のトップとして批判するのではなく、日本との「善隣友好《ぜんりんゆうこう》」関係を強化しようとする国家元首として肯定的に報じた。

韓国では中曽根首相らの発言は謝罪の言葉とはいえないとして批判する声もあったが、

軍事独裁政権による統制下で各メディアは新たな日韓関係を切り拓く全斗煥の外交的成果として報じた。

これにより日韓関係は新たな段階に達したとされ、「日韓新時代」が叫ばれた。

以上のように、さまざまな問題を孕んだ「日韓新時代」であるが、そのなかで「民間の交流の支援」や「次世代を担う青少年の交流の促進」が謳われた。両国政府の思惑とは別に、これらを契機として社会レベルでの日韓交流が進んだという側面もあった。それが七〇年代終わりから始まった「韓国ブーム」をあと押しすることとなる。

†韓国民主化の進展と「韓国ブーム」

日本における「韓国ブーム」をさらに進めることになったのが、韓国の民主化であった。一九八七年からの民主化は八八年のソウルオリンピックと並んで、これまでの韓国イメージを一新した。

民主化の過程で韓国では地方自治が実現し、日本の竹下登《たけしたのぼる》政権が八七年に打ち出した「地方交付税交付金による国際交流支援」の方針と相まって日韓の自治体間交流が推進された。これにより韓国との接触機会が増加し、日本の地方においても韓国に対する関心を高めることになった。

また、これまで制限されていた韓国人の海外旅行が民主化により自由化され、隣国の日本を訪問する韓国人観光客が増加し、日本からも民主化した韓国の姿に関心をもって訪韓する日本人が増えた。

さらに、この頃になってキムチやナムルが日本の一般家庭の食卓に上がるようになり、これまで多くの日本人にとって馴染みのなかった韓国の食文化に日常的に触れることのできる機会となった。

こうして、韓国に対する日本のイメージは好転する。総理府（現在は内閣府）が実施する「外交に関する世論調査」で「韓国に親しみを感じる」と答えた人の割合が民主化宣言の翌年である一九八八年に五〇・九パーセントと当時の過去最高を記録し、初めて「感じない」の四二・八パーセントを上回る結果となった。

韓国の民主化によって市民間の距離がさらに縮まったことで、日韓の交流は、さらに進展していく。

このような政治的・社会的環境の変化もあって、日本の「韓国ブーム」はついにピークに達した。それを象徴するのが、八〇年代後半になって韓国の複数の歌手が次々と「ＮＨＫ紅白歌合戦」に出場したことであった。

3 「韓国といえば演歌」――趙容弼・金蓮子の紅白出場

†「演歌の源流は韓国」

一九八〇年代後半にいたるまで、紅白歌合戦に出場した韓国の歌手たちは基本的に演歌歌手としての出場であった。日本ではアイドル全盛時代となっていた一九八〇年代後半には、韓国初のアイドルグループといわれる消防車が登場するなど、韓国でもポップ音楽が盛んになっていた。にもかかわらず、当時の紅白歌合戦に出場した韓国の歌手たちはなぜ演歌歌手がメインだったのであろうか。

そのことを考えるため、李成愛が日本で活躍した時代に話を戻そう。

ロックやフォークソングが優勢になり、アイドル歌手も登場した七〇年代の日本において、韓国から来た二〇代の歌手は日本人の郷愁を誘う演歌歌手として受容された。李成愛の登場で、日本で「演歌の源流は韓国」という言説が登場した。

その直接のきっかけとなったのが、李成愛の日本初アルバム『熱唱』のキャッチコピー「演歌の源流を探る」である。

当時、李成愛のプロモーションを担当していた岡野弁《おかのべん》らはこれを話題づくりのための宣伝用フレーズとしか考えていなかったが、このフレーズをみた人々によって、「演歌の源流は韓国」と語られるようになった。さらには「朝鮮に住んでいた古賀政男が（朝鮮の伝統楽器である）伽耶琴《カヤグム》の音色に影響された」という俗説も登場した。

だが第1章でみたように、韓国の大衆音楽は日本による植民地支配のもとで、日本のレコード会社の朝鮮進出を通して、日本の流行歌の影響を受けつつ成立したものである。そのため、このような言説は韓国や在日韓国人の論者から批判され、現在では根拠のないものと考えられている。

その一方で、このような議論を巻き起こしたこと自体が韓国からやってきた李成愛が歌う日本語の演歌が日本人に大きな衝撃を与えた、という証拠でもあろう。「演歌の源流は韓国」という言葉がまことしやかに語られるほど、李成愛の歌が日本人の心に響いたのであった。

こうして、「韓国の歌＝演歌」「韓国といえば演歌」というイメージがその後の日本社会で共有されていくこととなる。

一九九五年から韓国の音楽に親しんできた著者自身の経験となるが、九〇年代当時、「韓国の音楽をよく聴く」というと「演歌が好きなの？」という反応が返ってきたのは一度や二度ではなかった。李成愛の日本デビューによって作られた「韓国といえば演歌」というイメージは、八〇年代を過ぎて九〇年代にいたっても生き続けていたのである。

†アジア=演歌か?

一方、七〇年代には韓国出身の李成愛以外にも周辺アジア地域から来日してデビューし人気を博した歌手が複数いる。台湾から来日した欧陽菲菲《オウヤンフィフィ》やテレサ・テン（鄧麗君）、そして香港出身のアグネス・チャンである。

欧陽菲菲は一九六七年に台湾でデビューし、一九七一年に日本デビューした。日本デビュー曲の「雨の御《み》堂筋《どうすじ》」はザ・ベンチャーズが作曲したものであった。この曲は南沙織やアン・ルイス、中森明菜らによってカバーされているが、歌謡曲であっても演歌ではなかった。

欧陽菲菲「ラヴ・イズ・オーヴァー」（1982年盤）

この曲でオリコン・チャート九週連続一位を獲得し、欧陽菲菲は中華圏ばかりでなく日本でも人気歌手となった。七二年には紅白歌合戦に出場している。さらに八〇年代には代表曲「ラヴ・イズ・オーヴァー」でロングセラーを記録しているが、欧陽菲菲は演歌歌手としてではなく明らかにポップ歌手として日本で受容されていた。

また、テレサ・テンは、香港のほか華僑《かきょう》の多く住むシンガポールやマレーシア、タイでも人気となり、「アジアの歌姫」と呼ばれていた。一九七四年にアイドル歌謡曲で日本デビューしたが、この時は成功しなかった。そのため次作「空港」で演歌路線に変更、それが功を奏して一九七四年の日本レコード大賞で新人賞を受賞し、人気歌手の仲間入りを果たした。

他方、アグネス・チャンはイギリス統治下にあった香港の出身で、一九七二年に「ひなげしの花」で日本デビューし、一躍スターとなった。アグネスはデビュー以来、一貫してアイドル路線で歌手活動を行った。

以上のように、日本ではテレサ・テンが主に演歌・歌謡曲路線であったものの、欧陽菲菲がポップ歌手、アグネス・チャンがアイドルとして活動しており、当時の日本人のイメージが必ずしも「アジア＝演歌」というわけではなかったことがわかる。

†一九八九年の紅白歌合戦

これに対して、韓国については「演歌」のイメージが定着していた。

このような日本社会での韓国音楽のイメージに対応するように、「韓国ブーム」の最中であった一九八〇年代には、演歌歌手として日本デビューする韓国の歌手たちがいた。その代表的な存在が趙容弼《チョーヨンピル》・金蓮子《キムヨンジャ》・桂銀淑《ケイウンスク》の三人である。

彼らは日本でバブル景気が最高潮に達した一九八九年、NHK紅白歌合戦にパティ・キムとともに出場した。

紅組三組、白組一組の合計四組もの韓国歌手が出場するのは、二〇二二年末現在からみても、この時だけであった。これに次ぐ規模で韓国の歌手が紅白に出場するのは、K-POPブームの最中で東方神起《とうほうしんき》、少女時代、KARAの三組が出場した二〇一一年の紅白を待たねばならなかった。

K-POPブームを凌ぐ規模で韓国の歌手が大挙出場した一九八九年の紅白歌合戦は、紅白史上において極めて異例であったといえよう。それほどまでに当時の日本の歌謡界で彼らが注目を浴びていたということである。八〇年代日本で活躍した彼らが、「韓国人が歌う演歌」の全盛期を築いたのだ。

では、彼らはどのようにして日本に進出したのであろうか。その概要をみてみよう。

†韓国での趙容弼

趙容弼はこの三人のうち、最も日本で有名になった歌手で、一九五〇年生まれの最年長である。

彼は一九六八年に音楽活動を始めた。翌年の一九六九年には「エトキンズ」というカントリー・グループでリーダーを務めながらギターを担当し、さらに「ファイブ・フィンガーズ」を結成して主に米軍基地の舞台で活動している。この時、趙容弼はトロットの歌手ではなかったのはいうまでもない。

さらに一九七一年になると、三人組の「キム・トリオ」でロック音楽を本格的に始める。「キム・トリオ」の活動で徐々に頭角を現し、一九七二年に「サンデー・ソウルカップ・ポップグループ・コンテスト」で最優秀賞を獲得して、KBSで放送されたラジオドラマの主題歌「帰らない川（トラオジ・アヌン・ガン）」を歌うなど歌手としての活動の幅を広げていった。

一九七三年からは兵役に就いていたが、兵役期間中も勤務時間後には音楽活動を継続していた。

その後、一九七五年に趙容弼はソロ歌手となる。翌七六年にはトロット曲「釜山港へ帰れ（トラワヨ・プサンハンエ）」がヒットし、約三〇万枚の売り上げを記録した。これにより、趙容弼は韓国で一気に人気歌手の仲間入りを果たした。

一九七九年には、ロック・グループ「偉大な誕生（ウィデハン・タンセン）」を結成し、ソロ活動を交えつつ韓国で本格的に音楽活動を展開していった。

こうして彼は、七〇年代の南珍や羅勲児に続く、八〇年代を代表する次世代の男性歌手として人気を得た。趙容弼には「オッパ部隊」と呼ばれる追っかけの女性ファン集団ができるほど、若い女性たちに人気であった。

以上のように、韓国での趙容弼はカントリーやロックといったポップ音楽を手がける、若い女性に人気のスターであった。「釜山港へ帰れ」はヒット曲ではあっても、彼が取り組んだ音楽ジャンルとしてはむしろ例外であった。少なくとも、韓国において趙容弼は「典型的なトロット歌手」というカテゴリーに属しているわけではなかった。

趙容弼「釜山港へ帰れ」(1982年)

趙容弼の日本デビュー

韓国で人気歌手となった趙容弼は、一九八二年にCBSソニーから日本デビューも果たした。

趙容弼は「韓国ブーム」の牽引役となって日本語版の「釜山港へ帰れ」をヒットさせ、日本でも人気歌手となる。一九八六年には「想いで迷子」をヒットさせるなど、八〇年代を通して人気を得ることとなった。そしてついに、一九八七年の年末には、韓国の歌手として初めてNHK紅白歌合戦に出場して「窓の外の女」（一九八四年に日本リリース）を披露している。

これら「釜山港へ帰れ」「想いで迷子」の二曲は日本における趙容弼の代表曲となる。「釜山港へ帰れ」はもともと韓国のトロットで、日本では演歌として受容されていた。一方の「想いで迷子」も荒木とよひさの作詞、三木たかしの作曲による演歌であった。紅白初出場で歌った「窓の外の女」もまた演歌であった。

そこにはロック・グループ「偉大な誕生」を率い、若い女性に人気の韓国での彼の姿は微塵も感じられない。

日本における趙容弼は紛れもなく演歌歌手で、主なファン層は中年男性であった。同じ趙容弼という歌手が、ジャンルやファン層において日韓で大きく異なっていたのだ。

†演歌歌手としての趙容弼

日韓でのイメージの違いの大きな理由として次の二点が考えられる。

一つは、趙容弼の曲を当初、積極的に受容してきたのが在日韓国人一世たちであったということである。一九八〇年代初めには戦後四〇年を間近にして、彼らは高齢者となっていた。

韓国で生まれて日本にやって来た在日韓国人一世たちは、離れて暮らす祖国や故郷とのつながりを、韓国から流入する韓国語の大衆音楽を通じて感じてきた。彼らが好んで聴く音楽のジャンルはロックやフォークではなく、植民地時代の大衆音楽の流れをくんだ、懐かしい響きのあるトロットであった。そのなかで、趙容弼の歌うトロット「釜山港へ帰れ」の歌詞は、在日韓国人一世の心を揺さぶる内容であった。

植民地時代、朝鮮半島から日本にやってくる際に主に利用されたのが、釜山港から日本行きの船に乗るというルートであった。また、飛行機の利用が一般化する以前の戦後においても、祖国を訪問する際には船で釜山港から入国するのが一般的であった。そのため、釜山港というのは祖国から離れて年齢を重ねてきた在日韓国人一世にとって、特別な意味をもつ場所だったのである。

「釜山港へ帰れ」の韓国語歌詞は、釜山港を出たまま帰らない兄弟を辛い気持ちを堪《こら》えながら釜山港で待ち続けている、という内容であった。在日韓国人一世にとってその歌詞は、祖国に残してきた親や兄弟を想起させるものであった。彼らを通じて「釜山港へ帰れ」は日本社会に広まり、やがて日本人も注目するようになったのである。

こうして、日本における趙容弼は、高齢化していた在日一世のさまざまな想いにトロット・演歌を通して寄り添う歌手という一面をもつようになった。趙容弼自身もライブなどを通して彼らと触れ合い、そのような自身の立ち位置をよく理解していたであろうと考えられる。そのために、趙容弼は日本で演歌歌手でなければならなかったのだ。

日本で趙容弼が演歌歌手であったもう一つの理由は、日本における趙容弼の音楽の受容形態にあった。すなわち、スナックなどに設置されたカラオケで彼の歌が歌われ、日本社会に広まったということである。そのため、趙容弼の曲の主な消費者は中年男性であり、彼らが韓国の歌手・趙容弼に求めたのはポップ音楽ではなく、夜の街のカラオケ文化で嗜好された演歌であった。

李成愛のヒット以来の流れが、趙容弼をして演歌歌手たらしめたのである。在日韓国人一世たちの心を揺さぶった「釜山港へ帰れ」の韓国語歌詞は、日本語版が制作される際に夜の街でのカラオケで好まれる男女の愛をテーマにした内容へと変更され、釜山港でひたすら男性の帰りを待つ女性の歌となった。

このように、当時の日本における韓国歌謡曲の消費パターンに合致させようとした結果として、趙容弼は韓国での「若い女性に人気のポップ歌手」という顔は封印され、演歌歌手としての道を歩むことになったのである。

†趙容弼の紅白出場

演歌歌手として日本で成功した趙容弼はついに一九八七年の紅白歌合戦に初出場を果たす。趙容弼が紅白で「窓の外の女」を歌う直前のMCで、司会者の加山雄三は「趙容弼さんは韓国の民謡で喉を鍛え、ビートルズに影響を受けて歌手になった」と紹介した。

またこの時、趙容弼の横には親交の厚かった歌手の谷村新司が立っていた。谷村新司は趙容弼を「今、韓国が世界に誇るスーパースター」と賞賛した。

しかし、韓国で彼がどのような歌手であるかについては、具体的に触れられることはなかった。「ビートルズに影響を受けて歌手になった」演歌歌手という、考えてみれば文脈の通らない紹介に続いて、趙容弼が日本語で演歌を歌う姿が日本全国に放映された。

その後、趙容弼は一九九〇年まで四回連続で紅白に出場している。

二回目の出場となる一九八八年の紅白では、韓国の民族衣装を身にまとい、みずから発掘した韓国の古い民謡である「恨《ハン》五百年」を韓国語で歌った。ソウルオリンピックが開催されたこの年、韓国の伝統文化に対する日本社会の関心をより刺激した。

四組の韓国歌手が出場した一九八九年の紅白では、「Q」を韓国語と日本語で披露した。この時の司会者は趙容弼を「韓国のトップスター」と紹介している。

「Q」は歌謡曲ではあっても演歌ではなかった。一番を韓国語で、二番を日本語で歌った。日本の視聴者にとっては演歌歌手とは異なる彼の姿を知る機会であった。だが、この時期になると日本ではＪ－ＰＯＰが台頭し、Ｊ－ＰＯＰにカテゴライズされない従来の歌謡曲はすべて演歌と混同されるようになっていた。そのような日本の大衆音楽をめぐる環境の変化もあり、こののちも趙容弼＝演歌歌手というイメージは変わることがなかったのである。

一九九〇年の紅白では、日本で最もよく知られた趙容弼の代表曲「釜山港へ帰れ」を熱唱した。日本人の多くが知る演歌をもって、四回にわたる趙容弼の紅白連続出場は幕を閉じたのであった。

こうして韓国歌手として日本で成功を収めた趙容弼は、韓国を代表する歌手として中国の北京、さらには平壌《ピョンヤン》での公演など各地で公演を行った。

金蓮子《キムヨンジャ》の日本デビュー

八〇年代日本において趙容弼が韓国男性歌手を代表する人物だとすれば、それと双璧をなす韓国女性歌手は金蓮子である。

一九五九年生まれの金蓮子はテレビの新人オーディション番組で優勝し、一九七四年に韓国でデビューした。一九七七年に日本でもデビューするが、当初は日韓ともにうまくいかなかった。

彼女が歌手として成功したのは、一九八一年に韓国でリリースしたトロットのメドレーアルバム『歌の花束』のヒットである。このアルバムは韓国レコード史上最も多い三六〇万枚という空前の売り上げとなり、一躍韓国トロット界のスターとなった。その後は伝統的なトロットを歌い、韓国で多くの人々に親しまれた。

韓国トロット界を圧倒していた金蓮子の人気は「韓国ブーム」が到来していた日本でも知られるようになり、その結果、一九八四年には東京のＮＨＫホールでコンサートが行われ、その様子を収めたレコードが日韓両国で同時発売された。

こうして徐々に日本社会で注目されるようになった金蓮子は、一九八八年にソウルオリンピック讃歌である「朝の国から」の日本語バージョンをリリースし、再び日本での活動を本格化させた。翌八九年には紅白歌合戦に出場してこの曲の日韓両バージョンを披露した。彼女のバックでは華麗な民族衣装に身を包んだ舞踊団が舞台を盛り上げた。ほかにも、「暗夜航路」（八九年）、「十三湖の雪うた」（九〇年）、「熱い河」（九六年）といった曲を日本でヒットさせている。

金蓮子「朝の国から（日本語ヴァージョン）」(1988年)

趙容弼の活躍もあって韓国歌謡が親しまれていた八〇年代後半の日本で、韓国歌謡＝演歌というイメージにピッタリと合う

桂銀淑「大阪暮色」（1985年）

トロット歌手・金蓮子は日本でも人気歌手の仲間入りをしたのであった。

金蓮子もまた、日本での成功によって韓国を代表する歌手として認知されるようになる。二〇〇一年には当時の金正日《キムジョンイル》国防委員長による公式の招請によって平壌公演を行った。

†韓国のアイドル桂銀淑、演歌歌手に

八〇年代に日本で演歌歌手として活躍した韓国歌手を語る上で、桂銀淑もはずすことはできないだろう。

桂銀淑は高校在学中の一九七七年にモデルとして芸能活動を開始し、一九七九年に「歌って踊って（ノレハミョ・チュムハミョ）」で歌手デビューした。日本では演歌歌手として知られる桂銀淑であるが、デビュー曲はトロットでなくポップ音楽であった。モデルとして活動していたこともあり、今日的な分類でいえばアイドル路線であるといえよう。

デビュー翌年の一九八〇年にリリースした「待っている女心（キダリヌン・ヨシム）」がヒットして「ＭＢＣ一〇大歌手歌謡祭」で新人賞を受賞し、韓国で人気歌手となった。

そんな桂銀淑を日本で演歌歌手として育てたのが作曲家の浜圭介《はまけいすけ》であった。浜は、一九八四年に日本にやって来た桂銀淑をトレーニングし、翌八五年に演歌「大阪暮色《おおさかぼしょく》」で日本デビューさせた。演歌のリズムに乗せて大阪の歓楽街・北新地《きたしんち》の女性が男性を一途《いちず》に想う心を歌う「大阪暮色」は、夜の街のカラオケで消費されるという当時の韓国歌謡の消費形態に見事にマッチし、大ヒットした。

こうして、浜が見込んだように桂銀淑は日本で人気歌手となったのであった。「大阪暮色」以降もヒットを連発し、一九八七年には浜圭介とのデュエットで「北空港」をリリースしている。

そしてついに、一九八八年、日本で四枚目のシングルとなる「夢おんな」で「日本有線大賞」グランプリ受賞という快挙を成し遂げた。さらに同じ年の紅白に初出場し、その後、一九九四年まで七回にわたり紅白に連続出場している。これは二〇二二年末時点で韓国の歌手で最多の連続出場である。

†「韓国人が歌う演歌」ブームの意義

桂銀淑が最後に紅白に出場した一九九四年頃には、演歌や歌謡曲に代わってＪ－ＰＯＰが日本の大衆音楽の主流を占めるようになり、さらにカラオケボックスの普及により、カラオケ文化の中心的担い手が中年男性から一〇代や二〇代の若い世代へと移っていた。

　このような時代の変化により、七〇年代後半に李成愛の日本デビューから始まった韓国人が歌う演歌ブームは、静かに幕を閉じることになる。これは、日本で演歌の時代が終わりを告げ、新たな時代を迎えつつあったことを意味していた。

　一方、彼らの祖国である韓国でも、一九九〇年代に入るとヒップホップ音楽が盛んになり、音楽シーンは大きく変化していくこととなった。

　八〇年代をピークとした韓国人が歌う演歌のブームは、音楽のジャンルやファン層において現在のK－POPとは大きく異なるが、日本におけるK－POP受容の先駆けとしての意味は小さくない。

　このブームは、日本の消費者にとっても音楽業界にとっても、韓国人歌手に対する親近感や信用を生み、二一世紀の韓流ブーム、そしてK－POP受容のための歴史的基礎となったことは確かであろう。

　次章では、一九九〇年代の韓国大衆音楽界に起こった大きな変化、そしてそこからK－POPが誕生・発展していく過程とその社会的背景についてみていきたい。

第 3 章

K-POPの誕生と越境
――民主化・ネット社会・韓流

K-POPの源流をつくったソテジ・ワ・アイドゥルのファーストアルバム『Seotaiji Boys』
（韓国国立ハングル博物館蔵、出典：eミュージアム）

1　闘う大衆音楽——ヒップホップの隆盛とソテジ・ワ・アイドゥル

†ヒップホップの隆盛

一九八〇年代終わりから九〇年代の世界の音楽シーンで急速に影響力を増したのが、ヒップホップ音楽であった。ヒップホップはその象徴ともいえるラップのほか、サンプリングした音源を重ねてプレイするＤＪ、ブレイクダンス、地下鉄の落書きに起源をもつグラフィティの四つの要素を包括した文化である。

ヒップホップは七〇年代、ニューヨークのハーレムやサウス・ブロンクスなどのゲットーに暮らす貧しい黒人やヒスパニック系の若者らによって生まれた。彼らは貧困のため金のかかるディスコには通えなかったため、路上や公園で青空ＤＪパーティを開いた。そこでＤＪやダンスのテクニックを競う過程で形成されたストリートの音楽がヒップホップである。

オールド・スクールと呼ばれる初期のヒップホップは、主に地元の黒人社会で受容された。当時のヒップホップは身近な出来事や地域をテーマにしたものが主流で、当初から政治的・社会的メッセージ性が強い音楽というわけではなかった。

その後、八〇年代半ばになると、日本でも有名なランDMCらミドル・スクールのラッパーが出現し、商業的成功を収めていく。ランDMCは一九八六年、ハードロックバンドであるエアロスミスとコラボして、ロックとヒップホップを融合させた曲「ウォーク・ディス・ウェイ」をリリースした。

この画期的な試みにより、ヒップホップを受容する層の幅が広がり、ストリートから生まれたヒップホップは、ついに音楽の一大ジャンルとして社会に認知されるようになっていった。そして、人気の拡大とともに、ヒップホップは単なる音楽としてだけでなく、アーティストたちのヘアスタイルやファッションまでが若者たちの注目を集めるようになった。

†ヒップホップの黄金時代と社会的メッセージ

「ウォーク・ディス・ウェイ」を収録したランDMCのアルバム『レイジング・ヘル』（一九八六年）の大ヒットを契機として、八〇年代後半になると、ヒップホップは黄金時代（ゴールデン・エイジ）へと突入し、それは九〇年代前半まで続いた。

八〇年代後半のニューヨークでは、黒人としての誇りや自覚を積極的に掲げ、政治的なメッセージを全面的に打ち出した社会派ラップが生まれる。その代表がパブリック・エネミーやブギ・ダウン・プロダクションズであった。

ブギ・ダウン・プロダクションズのメンバーKRSワンの作品はより強い政治的メッセージで知られているが、彼は暴力に反対する立場から、ヒップホップ音楽やコミュニティに存在する暴力性を排して、それに代わって社会的メッセージを込めようとした。

N.W.A『ストレイト・アウタ・コンプトン』(1988年)

アメリカ東海岸のニューヨークで生まれたヒップホップはこの頃になると、アメリカ各地の都市で創作されるようになる。

そのなかで、この時期に台頭したのが西海岸のロサンゼルスで発展したギャングスタ・ラップであった。ギャングスタ・ラップは八〇年代半ばにはニューヨークですでに存在したが、八〇年代末に西海岸を拠点とするN.W.Aのアルバム『ストレイト・アウタ・コンプトン』が大ヒットし、一九九〇年代に突入する頃から急速に人気を得ていった。

N.W.Aは「Niggaz Wit Attitudes」の頭文字をとったもので、「主張する黒人たち」という意味である。このネーミングが象徴するように、ギャングスタ・ラップは時に過激で暴力的な表現を用いいながらゲットーの現実を訴え、社会批判を展開することが特徴であった。

メンバー間の対立によりN.W.Aは九〇年代初頭に解散したが、元メンバーのドクター・ドレーが一九九二年にリリースしたアルバム『The Chronic』により、ギャングスタ・ラップはヒップホップにおける主流の一つとなった。さらに、ドクター・ドレーらが立ち上げた新レーベルからスヌープ・ドッグが人気となり、ギャングスタ・ラップは全盛期を迎えた。

強い社会的メッセージ性を含んだラップによる黄金時代のヒップホップは、アメリカばかりでなく世界各国にも拡散し注目された。

†ボビー・ブラウンとMCハマー

八〇年代半ば、ヒップホップのラップと並ぶ新たなダンススタイルが、アメリカの黒人音楽から生まれた。ニュー・ジャック・スウィングの登場がきっかけであった。ニュー・ジャック・スウィングとは、ニューヨークのハーレム出身であるテディ・ライリーが生み出した新たなR&Bのビートで、テンポよく跳ねるような軽快なメロディが特徴である。そのダンサブルなビートにはR&Bをベースとしつつスウィング・ソウルなどのほか、ヒップホップの様式が駆使されており、ラップとも相性がよかった。そのため、

MCハマー「ユー・キャント・タッチ・ディス」（1990年）

歌唱とラップを組み合わせた楽曲作りが盛んになっていく。

ニュー・ジャック・スウィングは、テディが手掛けたボビー・ブラウンの曲「マイ・プリラガティヴ」（一九八八年）を通してより広く知られ、一大ブームを巻き起こした。

そして、ニュー・ジャック・スウィングの跳ねるリズムに合わせた「ロジャーラビット」や「ランニングマン」などのダンスステップがボビー・ブラウンのパフォーマンスを通じて広まった。左右の足を上げ下ろししながら跳ねるようなこれらのダンスは、韓国で「トッキ・チュム（ウサギ踊り）」と呼ばれた。

これにより、世界的なダンスブームが起こり、九〇年代の日本や韓国の音楽にも大きな影響を与えている。今日のK－POPダンスの様式には、この時期に生まれたニュー・ジャック・スウィングのダンスの応用であるものが少なくない。それほどまでに、その影響は大きかった。

ボビー・ブラウンとともに一九九〇年前後のダンスブームに大きな影響を与えたアーティストにMCハマーがいる。彼もまた、ストリートダンスの斬新なスタイルを披露して人気を得た。代表曲「ユー・キャント・タッチ・ディス」は大ヒットし、日本や韓国でもハマーの髪型やファッション、そしてパフォーマンスを真似る若者たちが現れた。

七〇年代から続いていたディスコに代わり、R&Bやヒップホップが融合した新しい音楽とダンスの時代が到来し、その象徴がボビー・ブラウンとMCハマーであった。

†韓国ダンス音楽の聖地「ムーンナイト」

ヒップホップ文化と「トッキ・チュム」は韓国でも注目され、これに魅了された若者たちがソウル梨泰院のクラブ「ムーンナイト」に集っていた。

米軍基地にほど近い梨泰院にあった「ムーンナイト」は、もともとは米軍用の店舗であった。それが一九八〇年代半ばになると韓国人の入場が可能となり、最新のダンス音楽に触れようとする若者たちのアジトとなっていった。

では、数ある梨泰院のクラブのうち、なぜ「ムーンナイト」が特別な場所になったのだろうか。その起源は一九八六年の金緩宣のデビュー当時に遡る。芸能マネージャーのハン・ベッキは姪の金緩宣をデビューさせるのに伴い、これまでマネージメントしてきたダンス音楽グループ「イン・スニとリズムタッチ」のダンサーグループを解散することにした。

この時にダンサーであったイ・ソンムンが、イ・ジュノ（のちにソテジ・ワ・アイドゥルのメンバー）とパク・チョルウ（のちにR.efのメンバー）をメンバーとして、韓国初のBボーイ・グループ、スパークを「ムーンナイト」で結成し、ここを活動拠点とした。これを契機として、「ムーンナイト」はダンスを志す若者たちが集って最新のダンステクニックを競い合い、共有する場として成長していった。

やがてイ・ジュノやパク・チョルウらはバックダンサーとしてテレビに出演するようになり、さらに一九八八年には「ムーンナイト」からパク・ナムジョンがダンス歌手として本格的にデビューし、八〇年代のダンス音楽を代表する歌手の一人となった。このように、常連客たちが次々と活躍していったことで、「ムーンナイト」は韓国ダンス音楽の聖地となり、そこから数多くのアーティストが育っていった。

九〇年代の韓国大衆音楽に革命をもたらしたヒョン・ジニョンやK-POP中国進出の道を開いたクローン（CLON）をのちに結成するク・ジュニョプとカン・ウォンネ、YGエンターテインメントの創設者ヤン・ヒョンソク、日本でも有名なJYPエンターテインメントの創設者J.Y.Park（パク・ジニョン）など、九〇年代以降の韓国大衆音楽の発展に欠かせない人々が、「ムーンナイト」に出入りしていた。

現在のような芸能事務所による練習生制度が整っていなかった当時の韓国において、「ムーンナイト」は互いにバトルを繰り広げながら学び合う自主的なダンス人材養成機関としての役割を果たした。「ムーンナイト」という空間が韓国にダンス音楽を確立し、やがて現在のＫ－ＰＯＰを生み出したのである。

†動き出した李秀満

一九八九年に現在のＳＭエンターテインメントの前身となるＳＭ企画を設立した李秀満はデビューさせる人材を求めて動き出した。李秀満が必要としたのは、流行のトッキ・ダンスができる歌手であった。そこで、当時の韓国で最高水準のダンステクニックをもった若者たちが集まる「ムーンナイト」に狙いを定め、李秀満みずからスカウトに乗り出したのである。

そのなかで見出されたのが、一九七一年生まれのヒョン・ジニョンであった。彼はスカウトされた当時、スパークのメンバーとして「ムーンナイト」で活動していた。すでに相当のダンスの実力をもっており、金緩宣のバックダンサーを務めるなど実績もあって、「ムーンナイト」の常連たちからも一目置かれる存在であった。

すでにダンサーとして完成していたヒョン・ジニョンを李秀満は歌って踊れるダンス歌手として独特の方法により訓練した。

ダンスの訓練にあたっては、韓国人が出入りできない梨泰院のクラブに入れるよう交渉して、そこで黒人兵士たちとともに踊りながら、彼らのダンスやリズム感を肌で感じつつ本場のダンスを身につけさせようとした。まだ韓国人のダンストレーナーが十分に育っていない時期にあって、ヒョン・ジニョンほどの実力の持ち主に韓国内でレベルの高い技術を習得させるための李秀満のアイデアであった。

また、ヒョン・ジニョンにはダンスの経験はあっても、プロとしての歌の経験がなかった。それに対し、走りながら歌わせるなど、激しく踊りながら歌うための訓練を徹底していった。

このようなトレーニングの経験は、のちにSMエンターテインメントの所属アーティストを養成するためのプログラム作りの基礎となった。こうして、その後、BoA、東方神起、少女時代など世界に通用するアーティストを次々と生み出すことになるSM企画から初のアーティストがデビューする。

✝ヒョン・ジニョンのデビューとSM企画の危機

一九九〇年、ヒョン・ジニョンは、同じく「ムーンナイト」に出入りしていたク・ジュニョプとカン・ウォンネをバックダンサーとする「ヒョン・ジニョンとワワ」としてデビューする。

ファーストアルバムに収録されたヒップホップナンバー「悲しいマネキン」は、歌、ダンスともに人気となった。テレビに登場した際、韓国のダンス歌手としては初めてヘッドセットマイクを着用していたのも視聴者にインパクトを与えた。

一九九二年にリリースしたセカンドアルバム『New Dance2』はタイトル曲「ぼやけた記憶の中の君（フリン・キオク・ソゲ・クデ）」が大ヒットして、彼の代表曲となった。各テレビ局の歌謡ランキングでは、KBSで五週連続一位、MBCで九週連続一位、SBSで八週連続一位という人気ぶりであった。

ヒョン・ジニョンの人気はファッションにも影響を与え、ヒップホップ・ファッションが「X世代」と呼ばれる当時の韓国の若者たちに受容されていく契機となった。彼の登場により、X世代の文化はヒップホップと切っても切れないものとなっていったのである。

ヒョン・ジニョン『Int. World Beat And Hiphop Of New Dance 3』（1993年）

一九九三年にはサードアルバム『Int. World Beat And Hiphop Of New Dance 3』をリリースして大ヒットが予想された。ところが、リリース直後にヒロポン投与疑惑で警察に拘束されるという不祥事が起こる。彼は、すでに一九九一年に大麻吸入の容疑で処罰された経歴があったこともあり、ついにテレビに出演できなくなってしまう。

さらに彼は九四年に再びヒロポン使用の容疑で逮捕され、翌年にはSM企画との契約が終了、ついに九〇年代の韓国大衆音楽界から姿を消した。これらヒョン・ジニョンの麻薬問題によって、SM企画はヒョン・ジニョンの歌手活動はもちろん、CDなど関連商品を廃棄せざるをえなくなり、経営危機に陥ってしまった。

李秀満はアメリカから帰国して以来、順調に経営してきたカフェを売却するなどしてSM企画倒産の危機を何とか乗り切ったものの、MTVで放映されているようなダンス音楽を韓国で、という李秀満の挑戦は中断を余儀なくされてしまったのである。

†ソテジ・ワ・アイドゥルのデビュー

ヒョン・ジニョンが全盛期であった一九九二年、韓国にヒップホップ音楽を定着させる革命児たちがデビューした。メインボーカルのソ・テジとダンサーのイ・ジュノ、ヤン・ヒョンソクで構成される三人組男性ダンスグループ「ソテジ・ワ・アイドゥル」である。

メインボーカルのソ・テジは一九七二年生まれで、もともとシナウィというメタルバンドのベーシストであった。シナウィ時代からソ・テジを知る人々は、長髪を切ってヒップホップスタイルのファッションで現れた彼のイメージチェンジに驚いた。ソテジ・ワ・アイドゥルで作詞作曲など、音楽づくり全般を担当したのは彼であった。

ダンサーのイ・ジュノはメンバー最年長の一九六七年生まれで、高校中退後にBボーイとして「ムーンナイト」で活動し、ソテジ・ワ・アイドゥルでデビューする以前から、すでにパク・ナムジョンなどのバックダンサーとしてテレビ出演していた。

そして、一九九一年にメンバーを決定する際にイ・ジュノを推薦したのが、先にソ・テジと合流していたヤン・ヒョンソク（一九七〇年生まれ）である。彼もまたイ・ジュノと同じく「ムーンナイト」で活動していたダンサーであった。

ダンスにおいてイ・ジュノがブレイキングなどのパワームーヴを得意としたのに対して、ヤン・ヒョンソクはグルーヴをメインとしていた。それゆえに異なるスタイルが融合したパフォーマンスを実現し、それがソテジ・ワ・アイドゥルの魅力の一つとなった。

ソテジ・ワ・アイドゥルはヒップホップとロックを融合させた曲「僕は知っている（ナン・アラヨ）」でデビュー。のちに大ブレイクするこの曲であるが、激しいダンスを繰り広げながらラップを中心に歌唱を展開するという斬新なスタイルは、すんなりと大衆に受け入れられたわけではなかった。

彼らは「僕は知っている」を収録したファーストアルバム『Yo!Taiji!』をリリースした直後の一九九二年三月一四日に放送されたＭＢＣの番組「土曜日、土曜日は楽しい」にテレビ初出演したが、大きな反響はなかった。

その後、四月一一日にMBC「特ダネTV芸能」で同曲を披露した時には、コメンテーターとして出演していた音楽専門家たちから「メロディラインが弱い」「歌詞の意味するところが伝わってこない」「激しい動作に歌を付け足したようで残念」などと酷評された。旧来のスタイルに慣れた専門家たちには、彼らの音楽は斬新過ぎたのだ。

しかし、「特ダネTV芸能」のプロデューサーであったソン・チャウィが彼らの音楽性に斬新さを見出し、継続的に番組に出演させたところ、彼らは次第に新進気鋭のアーティストとして注目され、一〇代を中心とした青少年たちに広く受容されるようになっていった。

その結果、ファーストアルバムの売り上げは一八〇万枚にも達し、ついに成功を収めたのであった。

†「文化大統領」の社会的メッセージ

青少年から多大なる支持を受けたソテジ・ワ・アイドゥルは、一大社会現象となった。彼らの動向がテレビの全国ニュースでしばしば伝えられたほどである。

ソテジ・ワ・アイドゥルの登場によって、ダンス音楽は韓国大衆音楽の主要な構成ジャンルとなった。ソテジ・ワ・アイドゥルがデビューして以降、韓国の大衆音楽は大きくトロットや従来の歌謡曲を指す「成人歌謡」、若い成人向けの「バラード」、そして一〇代から二〇代に支持される「ダンス音楽」の三つのジャンルに再編されることとなった。

つまり、ソテジ・ワ・アイドゥルは韓国大衆音楽に新たなジャンルを確立したのである。そして、グループによるダンス音楽を基調とする現在のK－POPの先駆けともなった。これにより、ソテジ・ワ・アイドゥルは伝説のグループとして韓国音楽史に名を残すことになる。

デビュー作からヒップホップをロックに融合させて成功した彼らは、セカンドアルバム『何如歌《ハヨガ》』でさらなる挑戦を試みる。アルバムのタイトルと同名の曲「何如歌」で韓国の伝統音楽である「国楽」をヒップホップと融合させようとしたのである。この画期的試みも大成功し、アルバムはダブルミリオンの売り上げを記録した。

社会現象となったソテジ・ワ・アイドゥルの青少年に対する影響力は絶大なものであった。そのような影響力を指して、ソ・テジは「文化大統領」と呼ばれるようになった。

ソテジ・ワ・アイドゥルの音楽はアメリカ由来のヒップホップが有していた批判精神や政治的・社会的メッセージ性を発揮し、若者たちから共感を得る。「教室イデア」では韓国の学校教育の現実を厳しく批判し、「渤海《ぼっかい》を夢見て」では南北統一を願うメッセージを歌った。

そのようなソテジ・ワ・アイドゥルが発するメッセージの力を韓国社会に感じさせたのが、「カム・バック・ホーム」という曲であった。この曲は家出している若者たちに向けたメッセージを歌っている曲であったが、これを聴いた家出中の少年たちが実際に家に帰ってきたことで話題になり、ヒップホップのもつ力を韓国社会に示すことになった。

こうしてアルバムを出すごとに社会的な波紋を巻き起こすアーティストは、ソテジ・ワ・アイドゥルをおいてほかにいなかった。

急成長のツケ

ソテジ・ワ・アイドゥルが若者に支持された当時、韓国社会は民主化と経済成長を実現して、表面的には順調な歩みを進めているようにみえた。

一九九三年には元軍人の盧泰愚《ノテウ》に代わって民主化運動の指導者であった金泳三《キムヨンサム》が大統領に就任した。朴正熙以来、三二年にわたった軍人出身大統領の時代が終わり、文民大統領が誕生したのである。

金泳三政権のもとで、経済は順調に成長した。一九九五年には一人あたりの国民総所得が一万ドルを超え、翌九六年には経済協力開発機構（ＯＥＣＤ）に加盟して念願の「経済先進国」入りを果たしている。

その一方で、金泳三政権の時代にはこれまでの急速な経済発展の闇の部分が露呈する出来事が起こる。

経済発展の陰で農業は疲弊しつつあったが、それに追い討ちをかけるように農産物市場が開放された。また、大企業が経済成長による利益をより多く得るために、労働者のリストラが盛んになり、これに対して、独裁政権のもとで弾圧されてきた農民運動や労働運動が活発になっていった。

他方、朴正熙政権以降のスピードを優先する経済発展のあり方は、安全性を後回しにする風潮を生んできた。その結果、ソウルにあった二つの巨大な建造物が突然、崩壊するという大事故が発生する。

一つはソウル市内を流れる漢江にかかる聖水《ソンス》大橋の崩落（一九九四年一〇月）である。四八メートルにわたって橋が落ち、市内路線バスなど計六台が川に墜落した。朝の通勤通学の時間帯に発生したため多くの市民が巻き込まれ、三二名が死亡する惨事となった。死者にはソウル舞鶴《ムハク》女子高に通う八名の高校生など若者も含まれていた。

もう一つは、三豊《サムプン》百貨店の崩壊（一九九五年六月）である。営業時間内に発生し、避難誘導が適切に行われないまま建物が崩壊したので、逃げ遅れた客や従業員が下敷きになり、死者は五〇二名にも及んだ。原因は法律に違反する無理な増築の繰り返しと、それに伴う壁の亀裂など崩壊の兆候があったにもかかわらず経営陣が通常営業を強行していたことであった。

さらに、経済発展を通じて公務員の間に拝金主義の風潮が蔓延して、贈収賄など不正が多発し、それに対する国民の不満が高まっていた。

これら経済発展の矛盾を目の当たりにしながら、集団主義的管理教育のなかに置かれた若者たちは、社会に対する不信や不満を抱かざるをえなかった。そのような若者たちの想いを代弁してくれたのが、彼らの「文化大統領」ソテジ・ワ・アイドゥルが生み出すダンス音楽であった。

†ギャングスタ・ラップ「時代遺憾」をめぐる検閲

ソテジ・ワ・アイドゥルはさらなる挑戦を試みる。前述の「カム・バック・ホーム」を収録した同名の四枚目のアルバムで、アメリカで流行していたギャングスタ・ラップを韓国で初めて収録しようとしたのである。

ところが、この試みは頓挫《とんざ》してしまう。歌詞が国家の音盤事前審議制度による検閲によって発売不可とされてしまったからである。

鋭い言葉で社会批判を展開するギャングスタ・ラップは、この制度との相性は極めて悪かった。そもそもギャングスタ・ラップが社会批判を本質的に歌詞に含むものであり、社会批判なきギャングスタ・ラップなどあり得ないからである。

ソ・テジが世に送り出そうとしていたギャングスタ・ラップの曲「時代遺憾（シデユガム）」もまた鋭い社会批判を内容とするものであった。「時代遺憾」は三豊百貨店崩壊事件をテーマにした社会的メッセージを含む曲で、韓国社会に対する否定的な内容と過激な歌詞が問題とされたのだ。

ソ・テジはこれへの対応として、歌詞のないインストバージョンの「時代遺憾」をアルバムに収録した。それが結果として、国家権力によって歌詞が消されたという強いメッセージとなって、ファンをはじめとした多くの人々に歌詞検閲への疑問を提起することとなった。

†ヒップホップ・ファッションへの攻撃

トップスターとなったソテジ・ワ・アイドゥルを悩ませたのは、これだけではなかった。彼らのヒップホップ・ファッションが社会問題となってしまったのである。

ピアスや着崩しといったヒップホップ・ファッションは、韓国の大人たちにとっては奇異で受け入れ難いものであった。朴正煕政権のもとでほんの一〇年あまり前、七〇年代に髪型や服装に関する取り締まりが街頭で行われていた韓国では、他国以上にヒップホップ・ファッションへの大人たちの抵抗感があったことは想像に難くない。

保守的な大人たちはソテジ・ワ・アイドゥルのヒップホップ・ファッションを「青少年が模倣するので風紀を乱す」と考えた。テレビのニュース番組には、ヒップホップ・ファッションを青少年の非行行為と捉えて、解決すべき社会問題として取り上げるものもあった。

そのような視点に立つ人々は、ソテジ・ワ・アイドゥルにヒップホップ・ファッションをやめるように訴えた。特にテレビでの着用は禁止すべきだと考えられた。だが、音楽パフォーマンスにとって、ファッションはその重要な一部である。ヒップホップ・ファッションもまた、当然ながらその一部だ。そのため、ソテジ・ワ・アイドゥルのメンバーたちは自分たちのヒップホップ・ファッションをやめることはなかった。

一方で、七〇年代生まれの「X世代」と呼ばれる若者たちは彼らのファッションを支持し、古い価値観に囚われない自由なファッションをみずからも楽しもうとした。ソテジ・ワ・アイドゥルはファッション、そして生き方においてX世代の若者たちのアイコンとなったのである。

その一方で、歌詞の検閲、そしてファッションへの執拗な攻撃によって、ソテジ・ワ・

アイドゥルのメンバーたちはヒップホップ歌手として韓国で活動することに限界を感じるようになっていった。

†ソテジ・ワ・アイドゥル解散と検閲の廃止

彼らが選んだ道は、解散であった。人気絶頂にあった一九九六年一月三一日に突如、記者会見を開いて「できることのすべてをお見せした」という言葉とともに解散を発表したのである。

カリスマ・グループの解散は韓国社会に大きな衝撃をもたらし、解散発表の記者会見は各テレビ局の夜九時のトップニュースで報じられた。また、解散に反対するファンたちは所属事務所やソ・テジの自宅の前でデモを行い、解散を阻止しようとさえした。

ソテジ・ワ・アイドゥルの解散までの歩みで社会に衝撃を与えたのが、前述の歌詞検閲問題である。政治的に民主化が進んでいるようにみえた九〇年代の韓国社会において、いまだに独裁時代さらには植民地時代から続く制度が機能し続けているという事実は、若い世代にとってショッキングなことであった。

ましてや、この制度によって大好きなアーティストの創作活動が制約され、好きな音楽が聴けないというのはファンたちにとっては許し難いことだった。彼らの憤りが頂点に達しつつあった一九九五年一一月、ファンの女子高生が送った手紙が政治家たちを動かすことになる。手紙を受け取ったのは、独裁政権時代に民主化運動のリーダーとして活躍し、次期大統領候補と目されていた野党第一党・新政治国民会議の金大中総裁であった。

一九九五年一一月九日の『ハンギョレ新聞』によると、ファンの女子高生は金大中に対し、ソテジ・ワ・アイドゥルの「時代遺憾」をめぐる問題で新政治国民会議に国会で積極的に対処してほしいと求めた。これに応じて、新政治国民会議は「ソテジ・ワ・アイドゥル問題真相調査団」を設置し、この問題への取り組みを進めることを表明した。

この記事によると、新政治国民会議はこの取り組みを説明するなかで、ソテジ・ワ・アイドゥルの「渤海《ぼっかい》を夢見て」「教育イデア」といった曲名を挙げつつ、「統一や教育問題など社会意識の高い歌を歌ってきた」とソテジ・ワ・アイドゥルの音楽活動を評価した。

金大中を筆頭に民主化運動を経験した政治家が多く参加する新政治国民会議として、社会問題について音楽を通じて問題提起してきた彼らの音楽に共感するものがあったのであろう。また、表現が国家によって制限されてしまうことがいかに苦痛なことかをよく知る民主化運動世代にとって、ファンの女子高生の手紙に書かれた問題意識を共有する経験的基盤があったからこその対応であったといえよう。

ソテジ・ワ・アイドゥルのファンたちの声は、政界を動かすほどの力をもった。こうして彼らの突然の解散によって、音盤事前審議制度による検閲の廃止を求める声が高まっていく。そしてついに、一九九六年六月、音盤事前審議制度は廃止されることになった。制度廃止を記念して、歌詞が入った「時代遺憾」が収録された解散後初のアルバムが七月に発売されている。

独裁時代に民衆歌謡の側から「権力に奉仕する音楽」という批判を受けていた韓国の大衆音楽は、ソテジ・ワ・アイドゥルとそのファンたちによって「闘う音楽」へと変貌した。そのような意味で、インストで収録された「時代遺憾」こそ究極のギャングスタ・ラップであったのかもしれない。

ソテジ・ワ・アイドゥルという存在が韓国現代史にもたらしたものは、単に新しい音楽ジャンルだけにはとどまらない。彼らは大衆音楽における表現の自由を抑圧する検閲制度を廃止へと導き、大衆音楽に対する権力の過剰な介入を排除させた。加えて、古い価値観や権威に囚われないファッションや生き方を若者に示したのである。

ソテジ・ワ・アイドゥル「時代遺憾」歌詞入りバージョン（1996年）

政治の民主化を求めてデモを手段として闘った八〇年代の若者たち（三八六世代）に続き、九〇年代のX世代の若者たちは、社会の民主化を求め、ダンス音楽を原動力として、自由を抑圧する制度や慣習と闘ったのである。そのような意味で、ソテジ・ワ・アイドゥルは間違いなく九〇年代を生きる若者たちのアイコンであった。

†ダンス音楽の全盛期

ソテジ・ワ・アイドゥルによって一つのジャンルとして認知されたダンス音楽は韓国の音楽シーンで全盛期を迎えていく。その中心になったのは、アーティスト、ファンともにX世代の若者たちであった。

ソテジ・ワ・アイドゥルの翌年、一九九三年にデビューしたデュースは、高校の同級生でともに「ムーンナイト」に出入りしていたキム・ソンジェとイ・ヒョンドによる男性ダンスデュオである。デビュー前、二人はヒョン・ジニョンのバックダンサーとして活動していた。

一九九三年四月リリースのファーストアルバムに収録された「僕に振り向いて」でブレイクし、ダンス音楽ジャンルの人気歌手となる。わずか二年の活動期間ではあったが、ニュー・ジャック・スウィングを取り入れた躍動感あるパフォーマンスでファンを魅了した。

九〇年代前半〜中盤を代表するダンス音楽グループとして四人組男性グループのノイズの存在もはずすことはできないだろう。デビューはソテジ・ワ・アイドゥルと同じ一九九二年で、一九九五年にリリースされたサードアルバムの収録曲「想像の中の君」などのヒット曲がある。

†男女混合グループやソロ歌手の人気

九〇年代半ばになると、男女混合グループが韓国のダンス音楽界を盛り上げるようになる。

その象徴といえるのが、レゲエを中心とした作品で人気となったルーラである。ルーラは一九九四年のデビュー当初、男性三人、女性一人でスタートし、翌年、一〇代女性のチエ・リナが合流する。さらに、男性メンバー一名が脱退して男性二人、女性二人体制となったルーラは、一九九五年にリリースした「翼を失った天使」で大ブレイクし、同曲を収録したアルバムは一六七万枚の売り上げを記録した。

その後、九〇年代後半には三人組の男性ヒップホップ・グループのDJ DOC（DJディーオーシー）や女性ボーカル一人と男性二人のコヨーテなどが人気となった。

彼らの曲はDJ OZMA（DJオズマ）によって日本語でカバーされた。例えばDJ DOCの「ラン・トゥ・ユー」は「アゲ♂アゲ♂EVERY☆騎士《ナイト》」、DJ DOCの「One Night」は同名の曲、コヨーテの「純情」は「純情～スンジョン～」としてそれぞれDJ

OZMAによってカバーされている。

このほか、九〇年代ダンス音楽ではグループのみならず、ソロ歌手も多く活躍した。代表的なアーティストとして男性ではキム・ゴンモやJYPエンターテインメントの創設者パク・ジニョン（J.Y.Park）、女性ではキム・ヒョンジョンやオム・ジョンファらがいる。

九〇年代後半に韓国でヒットしたダンス音楽は、多くが失恋などをテーマにした悲しい歌詞であるにもかかわらず、メロディはノリノリの明るいものだった。そして、その歌詞とメロディのギャップを埋めるべく、悲しい歌詞の内容を表現する方法としてサビ部分で（主に女性ボーカルによって）高音の歌唱が多用される。

テンポの良いダンス音楽のリズム、そのリズムとは対照的な韓国的情緒としての「恨《ハン》」を織り込んだ歌詞、そして「恨」を技巧的に表現するための高音による歌唱。リズムと歌詞のコントラストとそれを埋める高音の歌唱が、この時期に流行した韓国ダンス音楽の特徴であり、魅力でもある。

2　K-POPの誕生――H.O.T.とアイドル第一世代

こうしてダンス音楽が盛況を極めるなかで、李秀満が再び動き出した。

†李秀満の新たな挑戦とSMPの確立

ヒョン・ジニョンの不祥事による倒産の危機を乗り切ったSM企画の李秀満は、めげることなく音楽プロデューサーとしての次の挑戦に向けて動き出した。そして、一九九五年にはSM企画を法人化してSMエンターテインメントを設立する。

その間、準備していたのが男性五人組アイドルのH.O.T.（エイチ・オー・ティィ）である。H.O.T.が企画されたのは一九九四年で、李秀満がターゲットとして想定したのは一〇代の女性たち、主に中高生世代であった。名称のH.O.T.はHigh-five Of Teenagersの頭文字をとったもので、誰が彼らの音楽のターゲットであるのかを明確に示している。

李秀満は、大衆音楽の消費者として九〇年代に台頭してきた女子中高生たちのニーズに合致する、アイドルであると同時にダンス歌手であるようなグループを結成しようとした。つまり、消防車のような日本型アイドルとソテジ・ワ・アイドゥルのようなアメリカ型ダンス歌手という二つの性格を併せもつ斬新なグループの試みである。

李秀満は一年がかりでスカウトやオーディションで集めた練習生を選抜し、一九九五年にH.O.T.を結成してデビューの準備を進めた。メンバーはボーカル担当のムン・ヒジュン、ラッパーのチャン・ウヒョク、ボーカルとラップを担当するトニー・アン、メインボーカルのカンタ、ラッパーのイ・ジェウォンの五人で構成された。

カンタが一九七九年、イ・ジェウォンは八〇年、ほかの三人は七八年生まれと、彼らはいずれも一九七〇年代後半〜八〇年生まれであった。つまり、ターゲットとする一九八〇年前後生まれの女子中高生と同世代、あるいは「少し年上のオッパ（＝お兄さん）」となる年齢構成となっている。

デビューアルバムのプロデュースを担当したのは、SMエンターテインメントの所属歌手ユ・ヨンジンであった。彼は社会批判を含むラップ中心の曲づくりとともに、自身のダンサーとしての経験を活かしつつ、華麗なダンスパフォーマンスを取り入れた新たな音楽の形を生み出した。
H.O.T. のプロデュースのなかからユ・ヨンジンが生み出したこの新しい形は、その後のSMエンターテインメントにおいて主に男性グループをプロデュースする際の独自の形式となった。この形式はSMP（SMミュージック・パフォーマンス）と呼ばれる。

†H.O.T. の成功

こうして一九九六年九月七日、H.O.T. はファーストアルバム『We Hate All Kinds Of Violence...』をリリースしてデビューすることとなった。同じ日、MBCテレビの「土曜日、土曜日は楽しい」に初出演し、このアルバムに収録された「戦士の後裔」を披露した。ヒップホップの尖った歌詞とパフォーマンスが魅力の「戦士の後裔」は若い男性の支持も集めた。歌詞は当時、社会問題化していた学校でのいじめをテーマにした、社会的メッセージ性の強いものであった。

これに加え、同じアルバムに収録された「キャンディ」が大ヒットする。そのステージでは、「戦士の後裔」とは対照的にメンバーのキュートさを引き出すアイドル的なパフォーマンスが注目され、これによりH.O.T.は若い女性ファンの心をつかんだ。ソテジ・ワ・アイドゥルが解散したことで、当時トップ・ダンスグループの座は空席になっていた。そこに流星の如く現れたH.O.T.はデビュー直後から一〇代を中心に若い層に支持され、「ハイティーン・スター」「一〇代の偶像」などと呼ばれる人気グループとなった。

H.O.T.『We Hate All Kinds Of Violence...』（1996年）

その結果、同年一二月に開催された「大韓民国映像音盤大賞」ゴールデンディスク部門でSKC新人歌手賞を受賞。順調なスタートを切ったH.O.T.は翌九七年にも快進撃を続け、九月には公式ファンクラブ「Club H.O.T.」（通称「白い天使（ハヤン・チョンサ）」）の結成式も開催した。そして、九七年末には

「ソウル歌謡祭」で大賞に当たる「今年の最高歌手賞」を受賞、さらに「SBS歌謡大典」でも大賞を受賞した。

その後、一九九八年一月二三日から二五日の三日間、ソウルのオリンピック公園第一体育館で単独コンサートを行い、翌九九年九月一八日にはソウルオリンピック・メインスタジアムでの単独コンサートを国内歌手としては初めて実現した。ちなみに、それ以前にソウルオリンピック・メインスタジアムでコンサートを開催したのはスティービー・ワンダー(九五年)とマイケル・ジャクソン(九六年・九九年)のみであった。

また、彼らがリリースしたアルバムは、ファーストアルバムから四枚目のアルバムにいたるまで、次々とミリオンセラーを達成している。そのうち、セカンドアルバムの売り上げは一五〇万枚に達した。

H.O.T.は二〇〇一年に惜しまれながら解散するまで、韓国トップアイドルとしての不動の地位を築いた。金大中が大統領候補であった一九九七年当時、好きな歌手を尋ねられてH.O.T.の名を挙げるほど、彼らは世代を超えて韓国で有名な存在となっていた。

†K-POPアイドルの誕生

李秀満の期待通り、H.O.T.は一〇代女性をターゲットにした戦略により成功した。このH.O.T.の成功こそが、その後のK-POP世界化を牽引する大手芸能事務所SMエンターテインメントの危機を救い、さらなる発展の基盤を作ったのである。

しかし、H.O.T.が韓国大衆音楽の歴史において果たした役割は、こうした一企業、一事業家の成功だけにとどまらない。
H.O.T.以前の韓国には、消防車のような日本型アイドルとソテジ・ワ・アイドゥルのようなアメリカ型ダンス歌手が存在していたが、H.O.T.によって、これら日本型アイドルとアメリカ型ダンス歌手の融合が実現した。こうして、ビジュアル性とパフォーマンス力の双方を兼ね備えた、現在のような韓国型ダンスアイドルとしての「K-POPアイドル」が誕生した。
これまで日米の音楽文化の影響を受けながら独自の発展を模索して歩んできた韓国大衆音楽の歴史がたどり着いた一つの到達点がH.O.T.であった。その形式がその後K-POPとして韓国のみならず外国でも愛されるようになっていくのである。
H.O.T.の成功によって、その後次々とK-POPアイドルが誕生していった。九〇年代後半から二〇〇〇年前後に活躍したK-POPアイドルたちは、K-POPアイドル最初の世代として「第一世代」と呼ばれる。

†H.O.T. のライバル SECHSKIES

H.O.T. に続いてデビューし、ライバル関係にあったのが男性グループ SECHSKIES（ジェクスキス）である。SECHSKIES をデビューさせたのは、かつて消防車を成功させ、のちに独立して現在のＤＳＰメディア（当時はテソン企画）を立ち上げたイ・ホヨンであった。

消防車の成功をみて韓国でアイドルがビジネスとして成立することを確信していたイ・ホヨンは、H.O.T. がデビューした翌年、一九九七年四月一五日に彼らをデビューさせた。SECHSKIES は H.O.T. と同年代のウン・ジウォン、イ・ジェジン、キム・ジェドク、チャン・スウォン、コ・ジヨン、カン・ソンフンの六人から成り、ウン・ジウォンとカン・ソンフンは留学先の海外でスカウトされた。

SECHSKIES は H.O.T. と同様にビジュアル性とパフォーマンス力を兼ね備えたグループだったので、H.O.T. とのライバル構造を作り出すことで人気を高めていった。このようなライバル関係は SECHSKIES にとってのみならず、H.O.T. にとっても相乗効果によるメリットが期待できた。双方のファンがライバルに負けるまいと応援により熱が入るからである。

こうした状況にＳＭ側もメリットを感じていたことを物語るエピソードがある。二〇一五年七月七日放送のSBSラジオ「ハロー・ミスター・ロッキー」にSECHSKIESのマネージャーを務めたキム・ギヨンが出演した。そのなかでキム・ギヨンは、SM代表の李秀満が当時、ライバルグループの存在を「ありがたい」と言って食事をご馳走してくれた、と語っている。

K-POP界におけるSM対DSPというライバル対決の構図は、第一世代の女性グループではS.E.S.対Fin.K.L.（ピンクル）、二〇〇〇年代の第二世代では男性グループの東方神起対SS501（ダブルエス・オーゴンイル）、女性グループの少女時代対KARAというようにイ・ホヨンがDSPの代表であった二〇一〇年頃まで継続した。

このような戦略的ライバル関係も手伝い、SECHSKIESは一〇代を中心としてH.O.T.に次ぐ人気を得て、第一世代を代表する男性グループとなった。一九九八年の「無謀な愛」「Road Fighter」「カップル」、一九九九年の「Com'Back」など大衆的なコンセプトの曲を多く発表して幅広い支持を集めた。

さらに、各種音楽チャートで一位を獲得するのはもちろん、一九九八年には「ソウル歌謡大賞」の大賞を受賞するほか、単独コンサートを毎年開催し、そのたびに完売する人気ぶりであった。音楽のみならずバラエティ番組をはじめ映画、ミュージカルなど多方面で活動することで人気を高めた。

SECHSKIES は二〇〇〇年五月に記者会見を開いて解散を発表し、その活動に幕を閉じた（二〇一六年に再結成、現在はYG所属）。

†ヤン・ヒョンソクのYG設立

第一世代が台頭するなかで、さらにK－POP界を盛り上げることになったのが、新たな芸能事務所（韓国では「企画社」という）の成立である。そのうち、YGエンターテインメントとJYPエンターテインメントの登場は、その後のK－POP界の発展に大きな影響を与えた。

ソテジ・ワ・アイドゥルのダンサーであったヤン・ヒョンソクは一九九六年三月にヒョン企画という芸能事務所を立ち上げた。ヒョン企画はヤン・ヒョンソクが得意とするヒップホップやR&Bといったブラック・ミュージックに特化した音楽を手がけるアーティストを養成しデビューさせることを目指した。

一九九六年にヒョン企画から最初にデビューさせたのは、キープ・シックスという男性三人組のグループであった。メンバーのうち二人は、ソテジ・ワ・アイドゥルのバックダンサーで、メインボーカルはブラジル在住韓国人であった。いうなれば「YG第一号」のグループである。

ソテジ・ワ・アイドゥルの元メンバーであるヤン・ヒョンソクが手がけたということで、注目される要素は十分にあったが、残念ながら成功することはなく、同じ年にデビューしたH.O.T.が快進撃を続けるなかで、ファーストアルバムに収録された二曲のみで活動を終えてしまう結果となった。

その後、ヤン・ヒョンソクは一九九七年三月に韓国系アメリカ人二人によるヒップホップ・デュオJINUSEAN（ジヌション）をデビューさせた。

彼らのファーストアルバムはヤン・ヒョンソクとデュースのイ・ヒョンドが共同プロデュースしたことで注目を集めた。さらに、タイトル曲「GASOLINE」のミュージックビデオが当時としては完成度が高いと評価された。また、人気ダンス歌手であったオム・ジョンファをフィーチャリングした後続曲「言ってくれ」は音楽チャートで複数回一位を獲得し、成功を収めた。

さらに一九九八年一一月、男性四人組ヒップホップ・グループのワンタイムがファーストアルバム『One Time for Your Mind』でデビューした。

新人時代から各メンバーがラップ制作や作曲、作詞をこなすという実力派としての側面を強調しつつ、同時に一〇代、特に女性ファンが熱狂するアイドル的要素を取り入れ、ヒップホップ・ミュージシャン&アイドルという二重のイメージ戦略で人気を集めた。九八年末の「KMTV歌謡大典」では最優秀ヒップホップ歌手賞を受賞している。

JINUSEANとワンタイムの成功により、ヒョン企画は社名をMFエンターテインメント、さらにヤングンエンターテインメントと改称しつつ、二〇〇〇年頃までに韓国を代表するヒップホップ・レーベルとしての地位を固め、二〇〇一年に社名を現在のYGエンターテインメントと改めた。ちなみに社名の「YG」はソ・テジがヤン・ヒョンソクのことを「ヤン君《グン》」と呼んでいたことに由来する。

†パク・ジニョンの事務所JYP

YGエンターテインメントの前身であるヒョン企画に続いて成立したのが現在のJYPエンターテイメントの前身であるテホン企画である。創設者は日本でJ.Y.Parkとして知られるダンス歌手パク・ジニョンである。

パク・ジニョンは一九七一年生まれのX世代で、彼もまた梨泰院の「ムーンナイト」に出入りしていたダンサーであった。

ダンス歌手を志して各芸能事務所のオーディションを受け、一九九四年にソロ歌手としてデビューした。デビュー曲「私から去らないで（ナル・トナジマ）」はキレのあるダンスと魅力的な歌声で人気となり、複数の音楽番組で次々と一位を獲得した。この曲が収録されたファーストアルバム『Blue City』は四七万枚の売り上げを記録した。

その後、サードアルバムの収録曲「彼女は綺麗だった」などの代表作を発表し、ダンス音楽のジャンルでグループ歌手が活躍するなかにあって、ソロ歌手としての存在感を示した。

こうして、歌手として成功したパク・ジニョンは、一九九七年一二月にテホン企画を設立する。自身も所属歌手として歌手活動を継続しつつ、プロデューサーとして歌手チンジュをデビューさせ、デビュー曲「私は大丈夫」をヒットさせた。さらに、一九九八年には自身の四枚目のアルバムで「ハニー」をヒットさせ、歌手兼プロデューサーとして実績を積み重ねていった。

パク・ジニョンは表現活動において自由奔放な傾向があり、時に過激な発言や衣装で人々を驚かせた。もちろん、そのような行動は非難の対象になることもあった。それを象徴するのが、テレビでのパフォーマンスの際に着用したビニールズボンである。下着が丸見えという前衛的なファッションは視聴者を驚愕させた。パク・ジニョンは自由な表現を求めた文字通り「アーティスト」であったのだ。

その後、パク・ジニョンのプロデュースするK-POPアイドルたちがJYPエンターテイメントから続々と誕生することになった。

†三大芸能事務所の成立

こうして、SMエンターテインメント、YGエンターテインメント、JYPエンターテインメントの大手芸能三社が九〇年代後半に誕生し、「三大芸能事務所」と呼ばれるようになる。なお、二〇一〇年代後半以降はBTSを擁するHYBEの規模が拡大したため、HYBEを加えて「四大芸能事務所」となっている（脱稿後の二〇二三年二月、李秀満が所有するSM株の大半をHYBEに売却し、HYBEがSMの筆頭株主となった。これにSMの経営陣が反発しており、二〇二三年二月現在、今後の業界勢力図は先行き不透明である）。

では、二一世紀にK-POPを世界化していくことになる三大芸能事務所が、どうしてこの時期に同時に生まれたのであろうか。それは設立者の半生からうかがい知ることができるだろう。

SMエンターテインメントを設立した李秀満は、かつて独裁政権によるメディア統制のためにアメリカに渡ることを余儀なくされたアーティストである。また、YGを設立したヤン・ヒョンソクはソテジ・ワ・アイドゥルのメンバーとして、歌詞検閲やファッションへの批判にさらされつつ、自由な表現を求めて闘ってきたダンサーであった。さらに、JYPを設立したJ.Y.Parkことパク・ジニョンは、より自由で前衛的な表現を追求するダンス歌手であった。

一九八〇年代に政治の民主化を求めて闘った若者たちに続き、九〇年代の若者たち（X世代）は、文化的・社会的な解放を求め、ダンスミュージックを媒介として闘った。歌詞検閲制度のような制度的抑圧、ファッションなど若者の文化を規制しようとする因習的抑圧に向き合う原動力となったのが、韓国のダンス音楽だったのだ。

自由を求めようとするX世代の若者たちを代弁するダンス音楽と、その発展形であるK-POPが成立した九〇年代後半において、社会と向き合い苦悩しながらこれまでダンス音楽を担ってきた設立者たちによって、三大芸能事務所が成立したのである。

その一方で、そのような商業的制度化が、画一化された音楽の量産化など、自由な表現と商業主義の狭間でアーティストたちを苦悩させる要因となったことは否めない。その狭間から、K-POPは生み出されていったのである。

3　急速なIT化と変化する韓国音楽のカタチ

†IMF経済危機の衝撃

一九九七年夏、これまで順調に経済発展を続けてきた韓国を、極度の不況が襲った。七月にタイの通貨バーツが暴落したことに端を発する通貨危機の影響が、韓国にも波及したのである。これにより、鉄鋼や自動車分野などの財閥企業が次々と倒産するという異常事態に陥った。このような状況はさらなる悪循環を生む。

金泳三《キムヨンサム》政権は未曾有の危機に十分に対処できず、対外債務不履行に陥ることを警戒して海外からの資金調達が急速に減少してしまった。これにより、韓国の通貨ウォンの下落が止まらないという事態に発展する。こうして、九七年末には韓国も通貨危機に直面することとなったのである。

政権末期の金泳三政権は、事態を打開するためにIMF（国際通貨基金）に緊急融資支援を要請した。これにより経済の破綻は免れた一方で、韓国経済はIMFの管理下に置かれてしまうこととなった（IMF経済危機）。

時を同じくして、一九九七年一二月には大統領選挙が行われ、野党・新政治国民会義の金大中候補が当選した。IMF経済危機の克服は翌一九九八年二月発足の金大中政権に委ねられることとなったのである。

民主化運動の指導者であった金大中の当選により、韓国の民主化がより進展するものと期待された。その一方で、前政権のもとで発生した経済危機をいかに打開し、韓国経済をIMFの管理下から脱却させるかが発足直後の金大中政権における最大の課題であった。

金大中政権は、財閥改革、銀行の統廃合、金融改革（不良債権処理など）、労働改革など全社会的な構造改革を実行して危機を乗り越えようとした。この改革は功を奏して一九九九年には投資の増加や景気回復がみられるようになり、経済が安定へと向かうこととなる。しかしながら、急速な新自由主義的改革は痛みを伴うものであった。企業の統廃合や労働改革により大規模なリストラが進められ、大量の失業者が発生したのである。これは、その後の韓国社会に貧富の格差など新たな社会問題をもたらした。

このような事態は労働者の大きな反発を生んだ。そのため金大中政権は、雇用を創出できる新たな産業の発展を模索するようになる。

†ＩＴ政策の急整備

金大中政権は、そのようななかでＩＴ産業を振興する方向に舵をきった。

ただし、政府によるＩＴ化推進政策はすでに金泳三政権期の一九九五年から始まっていた。一九九三年九月にアメリカのクリントン政権が提唱した「全米情報基盤（ＮＩＩ）アクションプラン」（一般に「情報スーパー・ハイウェイ計画」という）を模して策定された、ＮＩＩの韓国版ともいうべき「超高速情報通信網計画（ＫＩＩ）」（一九九五年）と「情報化推進基本計画」（一九九六年）である。

これにより、韓国内のあらゆる方面においてＩＴインフラの整備を開始していく。ただし、これらの計画は「将来的に」より高度なＩＴインフラが重要となることを視野に入れたものであり、確かに二一世紀を見据えた将来的な方向性としては間違いではなかったが、必ずしも「今すぐ」実行すべき政策というわけでもなかった。

このスピード感が大きく変化するきっかけとなったのが、一九九七年末のＩＭＦ経済危機であった。既存のあらゆる国内産業が経済危機により大きな痛手を被るなか、危機直後に誕生した金大中政権は、経済再建策の一環としてＩＴを重視することとなる。

金大中政権は韓国内におけるさらなるＩＴの振興を図るべく、新たに「サイバー・コリア21」を策定した。これは、金泳三政権期の計画をさらに発展させたもので、ITインフラを急速に整備することにより、ITを活用して生産性の向上を実現し、新規産業そして雇用の創出を図ろうとするものであった。

「サイバー・コリア21」では二〇〇二年までに世界一〇位圏内の情報先進国となることが目標として掲げられた。当初、二〇〇二年まではさすがに難しいのではないかという疑念の声もあったが、なんとその前年の二〇〇一年に目標をすんなりと達成したのである。これによって韓国社会は瞬く間にIT化が進み、大きく様変わりすることとなった。

韓国インターネット情報センター（KRNIC）の統計によると、韓国では一九九九年の時点でブロードバンド回線の世帯普及率は一・九パーセントに過ぎなかった。ところが翌二〇〇〇年にはわずか一年で二二・二パーセントと急拡大し、さらに二〇〇一年には五〇パーセントを超え、二〇〇二年には七一・二パーセントにも達している。「サイバー・コリア21」は数年にして、一気に韓国をIT大国へと成長させたのである。

「サイバー・コリア21」が二〇〇一年に目標を達成したことをうけて、二〇〇二年にはさらに大胆な目標を掲げた「eコリア・ビジョン2006」が発表された。

まず、韓国内のインターネット普及率については、二〇〇六年までに九〇パーセント達成を提唱した。また、ITインフラによる恩恵が階層、世代、地域などによって享受できるものとそうでないものとの格差が極力生まれないよう、あらゆる家庭が１Mbps以上のブロードバンドにアクセスできる環境を二〇〇五年までに構築することも掲げた。さらに、二〇〇六年までにすべての住民サービスをオンライン化することも目標としている。

このほか、各産業におけるＩＴ化の推進やＩＴ関連産業の輸出拡大なども示されている。「サイバー・コリア21」と「ｅコリア・ビジョン２００６」によって韓国社会全体がＩＴ化の影響を受けることになるが、それは音楽産業も無縁ではなかった。

†コンテンツ産業の振興

金大中政権が打ち出した「サイバー・コリア」政策は、ＩＴインフラに関する内容を中心とするものであったが、一方でそのインフラを使って流通させるコンテンツを充実させることについても言及していた。

ＩＭＦ経済危機からの回復を図るため、対外的に通用する国際的産業を育成していくことが重要な課題となっていたためである。では、数ある産業のなかで、なぜ金大中政権はコンテンツ産業に注目したのであろうか。その理由は、その収益のあり方が非常にコスパよく効果的な結果を生み出すことができるためであった。

すなわち、「ワンソース・マルチユース（One-Source Multi-Use）」型の高付加価値産業としてのコンテンツ産業は、一つのコンテンツをヒットさせれば、追加の投資をほとんど必要とせず、さまざまなメディアによって当該コンテンツを複製し回転させることで多角的に収益を上げることが可能だからである。

こうして韓国政府はコンテンツ産業を国の基幹産業の一つに位置づけた。一九九八年には金大中大統領みずから、文化コンテンツの振興を進める「文化大統領」を宣言し、それを具体化するために、一九九九年「文化産業振興基本法」が制定された。「文化産業振興基本法」では、文化産業の振興のための公的基金として、文化産業振興基金を二〇〇三年までに設立することを明記した。この基金が支援する対象としては、文化産業への投資主体である文化産業専門投資組合のほか、コンテンツを流通・制作する事業者があった。加えて、韓国文化産業振興委員会を設立して、政府による文化産業振興事業の中心的存在とした。

続いて二〇〇一年には「コンテンツコリアビジョン21」を策定し、二〇〇三年までに八五四六億ウォン（約八一九億円）を投入してデジタルコンテンツ産業の発展を図り、そのための具体的な取り組みを定めた「オンラインデジタルコンテンツ産業発展法」を二〇〇二年に制定した。

こうして、IT化と並行して、そのITインフラによって流通するオンラインデジタルコンテンツ産業の発展・強化が図られたのであった。

†音楽業界を直撃したファイル共有サービス

このようなIT化とオンラインデジタルコンテンツ産業強化の波は、文化コンテンツビジネスを行う韓国の音楽業界を直撃した。MP3の登場と普及である。しかも、それは韓国の音楽業界にとって良い影響とはいえないものであった。

MP3は一九九四年七月、ドイツにある欧州最大の応用研究機関のフラウンホーファー研究機構（Fraunhofer-Gesellschaft）によってリリースされたソフトウェアである。翌一九九五年にはフラウンホーファー研究機構の研究チームにより「.mp3」の拡張子が定義づけられた。これにより、MP3をエンコードすれば気軽にパソコンで音楽を楽しめるようになった。

その後、九〇年代を通してMP3はインターネットで世界中に広がっていった。Nullsoft のオーディオプレーヤーWinamp（一九九七年リリース）や UNIX オーディオプレーヤーmpg123、さらにファイル共有プログラム Napster（一九九九年リリース）の登場によって急速にMP3は音源ファイルの定番となっていった。

これらのプログラムは、ユーザー同士が互いにMP3の共有、収集、制作、再生することを容易にした。これまで音源をレコードやCDといったフィジカルなものに乗せて収益を上げてきた音楽業界にとっては、それらを介さずにユーザー間でたやすく音源データの共有が無料でできてしまうNapsterのようなプログラムは収益を脅かす存在となっていく。

対抗手段として、国際資本の主要レコード会社はNapsterがレコード会社の利益を圧迫しているとして法的手段に訴えた。その結果、Napsterは閉鎖されることになったが、MP3による無料でのデータ共有は、その後も音楽業界を悩ませた。

MP3の普及と時を同じくしてIT化が急速に進展していた韓国の音楽業界にとって、無料でネット上の音源データを入手できる状況は極めて深刻な状況を生んでいく。Napsterと同様のファイル共有サービスである「バグズミュージック」が一九九九年に韓国で登場し、MP3が韓国内で急速に広がる。オンライン上の海賊版も横行し、CD販売に依存していた韓国の音楽業界は大きな打撃を被ることとなった。

ダンス音楽などでミリオンセラーが多く生まれた九〇年代が嘘のように、二〇〇〇年頃を境にCDの売り上げは大幅に減少した。IMF経済危機の痛手から少しずつ立ち直りつつあった韓国で、音楽業界は絶体絶命のピンチに陥ったのである。

ところがK-POPは、このような状況の変化にうまく適応して乗り切ることに成功する。CDに依存していたこれまでの流通・販売のあり方を大幅に見直し、デジタルマーケットを前提とした販売・流通戦略へと業界全体をシフトさせたのである。

この素早い方向転換は、その後の世界の音楽市場のあり方を先取りするものであった。デジタル産業育成に社会全体で取り組んできたことにより、これに対応する人材が韓国内で育っていたことも幸いする。こうした環境への適応をスムーズに行い、K-POPのピンチをチャンスに変えたのだ。

CDはもはや音楽コンテンツを流通・販売する主要なメディアではなくなった。二一世紀に当たり前になった、オンラインで音楽を共有し楽しむという音楽消費の形式に適応した韓国の音楽業界は、やがて国境を超えていくことになる。

†FAN CAFÉに集うファンたち

IT化が進められた韓国で、変化があったのは音楽を供給する音楽業界だけではなかった。音楽を消費するファンもまた、IT化の洗礼を受けていたのである。ファンたちはオフラインの応援や交流だけでなく、オンラインでもファンとしての活動を展開していくようになる。

そのためにファン自身によって設立・運営されたのが「FAN CAFÉ（ペン・カペ）」であ

る。現在では所属事務所が運営する「公式FAN CAFÉ」も存在するが、本来はファンがみずから設立・運営するファンサイトがFAN CAFÉと呼ばれた。K－POPのファン集団は「ファンダム」と呼ばれ、時に社会的影響力を行使するほどの強い団結力をもつ。彼らをつなぐのがインターネット、SNSであるが、その原点が韓国で生まれたFAN CAFÉである。

FAN CAFÉには、応援するアーティストのテレビやラジオへの出演や公開放送の情報、ライブ公演のスケジュールといった、ファンであればチェックしておきたいさまざまな情報のほか、アーティストの写真などが応援メッセージとともにアップされた。コメント欄も設けられ、ファン同士が交流できるようになっている。

日本の芸能事務所であれば、肖像権などを盾にファンのこのような行為を咎《とが》める傾向があるが、韓国の芸能事務所はネット上でのファンによる写真のアップは、名誉を毀損《きそん》するようなものでなければ基本的に黙認する姿勢で対応した。むしろ、これをファンによるプロモーションと考えたのである。結果、ネット上にはK－POPアーティストたちの写真が増え、国内ばかりでなく海外にも彼らの存在が知られるようになっていく。

現在の「ファン活」においてSNSなどでの情報収集や交流は欠かせないものとなっている。その原型がIMF経済危機以降の韓国で急速に成長していった。国境を越えてつながるインターネットに適応したファンコミュニティ文化をいち早く形成したことも、その後K－POPがグローバル化していく過程で大きな役割を果たしたのである。

九〇年代末から二〇〇〇年代にかけての韓国大衆音楽において、流通・販売形態とともに、ファン文化がインターネットにいち早く対応したこともまた、K－POPがその後世界に拡大する基盤となったといえるだろう。

4　変化する東アジア、越境するK－POP

†改革開放と「港台」文化の流入

九〇年代末になるとK－POPは海外、とりわけ中華圏へと進出していく。その背景を知るためには、八〇年代以降の中国をめぐる情勢の変化を押さえておく必要がある。

中国は文化大革命による経済的混乱から立ち直るため、八〇年代に入って鄧小平《とうしょうへい》指導部により本格的に改革開放政策が推し進められる。「社会主義市場経済」のかけ声のもと、市場原理が社会のあらゆる分野に導入されていった。

文化もまた例外ではなく、市場で売買される「商品」として人々に消費される存在となった。改革開放の進展によって中国は徐々に経済発展したが、物質的に豊かになる過程で中国の人々はテレビ、ビデオ、ラジカセといったハードを所有するようになっていく。

しかしながら、これらのハードで楽しむためのソフトが不足していた。従来のような共産主義国家の文化コンテンツでは、中国の人々の高まる文化的需要を十分に満たすことができず、これまでとは異なる新たなコンテンツが求められていた。

そこで注目されたのが、同じ言語を使用する香港（当時はイギリス統治下）や台湾の文化コンテンツであった。これらは「港台《ホンタイ》」文化と呼ばれる資本主義文化であり、かつ台湾は中国と敵対してきた国民党政権が支配していた。そのため、「港台」文化は当然ながら中国で許されているわけではなかった。

文化コンテンツを求める中国の人々は、非合法な形で流入した海賊版カセットテープで音楽を聴き、隠れて香港や台湾のラジオを聴取し、あるいは非合法なビデオテープで映画やドラマを楽しんだ。それにより、中国国内には巨大な地下海賊版市場が形成されることとなる。その規模が大きくなるにつれ、中国政府はその存在を無視することができなくなっていった。

これに対して中国政府が出した結論は、地下市場を合法的な文化コンテンツ市場として認めつつ、管理下に置くという対応であった。共産党政権でさえ壊滅させるのが不可能なほどに地下市場は巨大化していた。そのため、現実的な方策として八〇年代中盤に地下市場を合法化することによって取り込むという大胆な決断をしたのである。

ただし、その決断には市場の巨大さだけでなく、情勢の変化も大きく関係していた。すなわち、改革開放政策がある程度進んでいたため、資本主義的な文化に対する違和感や抵抗感が中国国内で徐々に和らいできたことに加え、中国と台湾の関係が八〇年代に改善したことが挙げられる。

こうして香港や台湾のコンテンツが、一定の規制はあるにせよ、中国国内で合法的に流通するようになった。

正式にこれらの文化が流通するとなると、重要なのが文化コンテンツを商品として流通させるためのルールづくりである。これに対応する形でライセンス作品に対する批准制度適用をはじめとした版権ビジネスの制度的基礎が整備されていく。一九九二年には「中国音楽著作権協会」も設立され、資本主義的な文化コンテンツ流通システムが充実していった。

中国にとって、一九八〇年代に「港台」文化を受容した経験は、資本主義文化に対するイデオロギー的葛藤を克服するとともに、版権ビジネスに必要な制度的基盤を整備する契機ともなった。こうして中国は外国の、とりわけ資本主義国の文化コンテンツを受容する心的・制度的準備が整ったのである。

†韓中の国交樹立

中国で改革開放が進んでいた八〇年代の半ば、韓国では一九八八年のソウルオリンピックを目前にして経済発展が継続していたが、当時の中国と韓国との間には国交がなかった。

かつて、朝鮮戦争では中国は北側を支援するため義勇軍を派遣した。そのため中国は単にイデオロギー的に敵対するだけでなく、実際に戦火を交えた関係でもあった。その後も対立関係は継続し、韓国は中国と対立する台湾の国民党政権と、中国は韓国と対立する朝鮮民主主義人民共和国とそれぞれ友好関係を築いていた。

だが、八〇年代にいたって、このような関係は徐々に変化していく。改革開放政策を進めながら経済成長を追求してきた中国にとって、新興工業国・韓国との交易は実利に叶うものであった。その一方で韓国にとっても工業製品などの市場として、巨大な人口をもつ中国との安定的な関係の確立は重要であった。このような利益の一致は、両者に経済交流を促した。

加えて、八〇年代末の冷戦終焉は、新たな国際秩序の形成を促す要素になった。韓国は、当時の盧泰愚政権が「北方外交」をスローガンに、ソウルでオリンピックが開催された一九八八年以降に東欧などの共産主義諸国との国交を樹立した。

これらの流れは、やがて一九九二年八月の韓中国交樹立へと結びついた。

韓国の文化コンテンツが中国で受容されるには、資本主義文化をめぐるイデオロギー的葛藤の克服、文化コンテンツビジネスのための制度整備、そして韓国との正式な外交関係樹立という三点がハードルであった。そのハードルが八〇年代から九〇年代初頭にかけて次々とクリアされていったのである。

†中国での韓国ドラマ放映

韓中が国交を樹立する前の八〇年代終わりから九〇年代中盤まで、中国では日本のドラマが多く消費されていた。これは都市に住む若者たちが主な消費者で、都会的な雰囲気の漂う日本のトレンディドラマが彼らに支持されたのであった。ところが、日本のドラマ放映料が高騰してくると、テレビでの放映が難しくなってくる。

そこで注目されるようになったのが、日本のドラマと比べて放映料が安い韓国ドラマで、韓中国交樹立ののち中国のテレビで放映されるようになった。こうして日本のドラマは中国のテレビ放送から姿を消し、韓国ドラマがこれに代わっていった。

中国において初めて放映された韓国ドラマは、一九九二年にＭＢＣで放映された『嫉《チル》妬《トウ》』で、中国での放映は韓中の国交が樹立された翌年の一九九三年だった。しかし、当時は日本のドラマが優勢の時代であり、一定の人気は得たものの、ブームとまでいえる状況ではなかった。

その後、九〇年代中盤になり日本ドラマの放映が減少してくると、韓国ドラマが存在感を増してくる。韓国で一九九一年から放映され、平均視聴率六〇パーセントを記録したMBC『愛が何だって』は、一九九四年に一度中国で放映されたのち、一九九七年に再度放映された。この再放送の際に中国で放映された外国ドラマで第二位の視聴率となった。これが中国における韓国ドラマブームのきっかけとなる。

そのなかから、韓国の大衆音楽の歴史をも変える人気ドラマが登場した。

†アン・ジェウクの中国進出

九〇年代に中国で放映された韓国ドラマのなかで最大の人気となったのが、『嫉妬』でも主演したチェ・ジンシル演じるヨニのシンデレラ・ストーリーを描いた『星に願いを』であった。韓国では一九九七年にMBCで放映され、最高視聴率四九・三パーセントを記録し、香港で一九九七年に放映されたのち、中国でも同じ年に放映されて大人気ドラマとなった。現在、このドラマが「最初の韓流ドラマ」と呼ばれていることからも、その人気や影響力をうかがい知ることができるだろう。

そして、このブームでブレイクしたのがヨニの相手役ミンを演じた俳優のアン・ジェウクであった。アン・ジェウク扮するミンは、財閥の御曹司《おんぞうし》であるとともに歌手であった。ドラマのなかで歌った「Forever」は韓国で人気となり、アン・ジェウク自身もこの曲で歌手活動をしていた。中国で『星に願いを』が人気になると、中国でも歌手アン・ジェウクへのラブコールが高まった。

その結果、アン・ジェウクは歌手として中国に進出することとなる。今日のK－POPアイドルの海外進出のような事前に計画されたものでなく、中国でのドラマ人気が結果として歌手アン・ジェウクを中国進出へと導いたのである。

二〇〇〇年七月一五日、北京工人体育館はアン・ジェウクの登場を待ちながら彼の名前をコールする若い女性たちで溢れていた。コンサートで歌っている最中に観客たちにマイクを向けると、観客は韓国語で彼の歌を歌い出した。中国のファンたちは韓国語で歌えるほど熱心に応援していたのだ。

コンサートの様子は中国中央テレビなどにより中国全土に中継された。アン・ジェウクは北京だけでなく中国各地の主要都市でコンサートツアーを行い、計一〇回の公演を行っている。韓国の歌手と大衆音楽が中国に受け入れられたのである。

当時の中国では人気俳優が歌手としても活動することは一般的だったので、俳優であるアン・ジェウクは歌手としてもすんなりと受け入れられた。

その人気は思わぬところにも影響を与えた。中国教育部（文部科学省に相当）が実施した高校英語試験問題に、なんとアン・ジェウクが登場したのである。問題には彼を紹介する文章が書かれ、それを参考にしてアン・ジェウクについて一〇〇〜二〇〇字の英語で作文させる、という内容であった。

教育部が実施する試験に外国の芸能人が登場するのはこれが初めてのことであった。一般的な文化現象として試験問題に登場するほど、アン・ジェウクが人気であったことをうかがうことができる。

アン・ジェウクの中国での成功は、韓国ドラマのコンテンツ力のみならず、韓国の大衆音楽が中国市場でも通用することを示した。

†クローンの中国進出

アン・ジェウクは直接中国に進出して成功した事例であるが、二〇〇〇年頃の韓国の歌手たちは中国で成功するために一度、台湾を経由するという方法を取ることが多かった。そのロールモデルとなったのが、かつてヒョン・ジニョンのバックダンサー「ワワ」とし

「クンタリ・シャバラ」収録のクローン『Are You Ready?』（1996年）

て活動していたクローンの二人である。

　クローンは九〇年代後半には韓国ダンス音楽を代表するグループとして韓国国内で活躍していた。彼らはその後、台湾に進出することになるが、そのきっかけとなったのが、クローンが一九九七年に韓国で発表した曲「都市脱出」を台湾の女性歌手である徐懐鈺《スーホワイユー》が九八年に「妙妙妙」というタイトルでカバーし、ヒットしたことであった。

　この曲を台湾に持ち込んだのは実はクローンの製作陣にいたワン・ベヨンであった。ワン・ベヨンは韓国に住む華僑で、台湾にリメイク版を提供したのである。ワン・ベヨンの試みが成功したことで、台湾で「妙妙妙」の原曲を歌うクローンが注目されることとなった。

　そして、一九九八年の台湾インターナショナルチャートにおいて、クローンの「BING BING BING」が韓国の曲で初めて一位を獲得するという快挙を成し遂げたのである。

　クローンの代表曲「クンタリ・シャバラ」は明るく元気が出るリズムとダンスに合わせて、サビで「クンタリ・シャバラ」というフレーズを繰り返すものである。歌詞がよく理解できなくても楽しむことができるのがクローンのパフォーマンスの魅力であり、だからこそ国境を越えることが可能になったのだ。

九〇年代末の台湾は文化的に中華圏で大きな影響力をもち、台湾で流行したものは少し遅れて大陸でも流行する、というのが一般常識にさえなっていた。その代表ともいえるのがクローンであった。クローンは一九九九年一一月一一日から一二日の二日間にわたって、北京工人体育館で韓国歌手としては初めて中国での単独公演を行った。

†NRGの中国進出

アン・ジェウクは俳優兼歌手、クローンはダンス歌手であったが、アイドルグループとして中国で成功したのが男性五人組のNRGである。NRGは一九九七年にデビューしたアイドル第一世代のK-POPグループの一つで、消防車のメンバーであったキム・テヒョンとチョン・ウォングァンが創立したミュージックファクトリーの所属である。

彼らは一九九八年一一月に、中国で行われた韓中修交六周年記念公演「韓中開かれた音楽会」に招かれた。ここでNRGは「Messenger」を歌い、パワフルなダンスパフォーマンスを中国の観衆の前で繰り広げた。当時の中国ではダンス音楽に馴染みのない人々が大半で、反応に注目が集まったが、中国の人々は起立して拍手し好反応を示した。

この出来事は、中国でもダンス音楽が受け入れられることを証明するものであった。

ＮＲＧの中国での人気は一九九九年のテレビ出演で決定的となった。彼らは中国の人気バラエティ番組「快楽大本営」に出演して歌を披露し、中国へと本格的に進出したが、その翌日、放送から一二時間も経たないうちに訪れたデパートでのサイン会には大勢のファンが押し寄せて、デパート前が騒然とする事態が発生した。その後、中国でコマーシャルに出演するなど、絶大な人気を誇った。

二〇〇〇年七月には中国三都市でのコンサートツアーが行われた。一四日の北京・首都体育館を皮切りに一六日に上海、一九日にハルビンでコンサートを行い、中国のファンたちを熱狂させた。

ＮＲＧは海外で大成功した初のＫ－ＰＯＰアイドルグループであった。

†H.O.T. の中国・台湾同時進出

当時の韓国でトップグループであったH.O.T. もまた中国へと乗り出し、クローンが人気となっていた台湾と中国大陸で同時に活動を行った。先に台湾、後で大陸という形が一般的であった当時では異例の進出形態であった。

一九九九年二月四日に台湾で行われた「韓国ビッグ４コンサート」でH.O.T. は台湾での活動を開始する。

彼らにとって、海外での活動は当初、希望よりも不安の方が大きかった。メンバーのムン・ヒジュンは「韓国の（ダンス）歌手が海外で有名になったという話を聞いたことはなく、クローンが唯一だったので不安だった」、トニー・アンは「（海外で）失敗すれば国内での人気にも影響するのでは、とメンバー同士で話していた」と当時の心境をのちに語っている。

初めての台湾訪問では人気の程度は実感できなかったが、二回目の訪台では目にみえる形でH.O.T.の人気が示された。空港に到着した彼らが移動する際に、一〇〇台を超える数のバイクが彼らの乗る車について来たのである。こうして、H.O.T.の台湾進出は短期間で成功を収めることができた。

一方、中国大陸では一九九八年五月に韓国の歌手として初めて正規アルバムをリリースし、その後の台湾でのブレイクは大陸での人気に直結していく。

†H.O.T. 北京単独公演

二〇〇〇年二月一日、H.O.T.は単独の北京公演を実現した。当時の金大中大統領はH.O.T.が北京公演に向かう際、韓国政府代表として文化観光部長官のパク・ジウォンを派遣した。これに対してH.O.T.側は所属事務所代表の李秀満とともに対応。パク長官はメンバーたちと対面するや、各メンバーの名前を呼びながら握手をした。長官の二番目の娘がH.O.T.のファンだったため、メンバーのことを知っていたのである。

面談では李秀満が「中国で成功すれば韓国の文化的な影響力がアジアに及ぶようになるのでは」と北京公演の意義を強調した。

また、メンバーのカンタが「中国の若者に韓国のダンス音楽は普及していませんが、私たちが頑張れば中国でも韓国音楽が理解されると思います」と述べたのに対して、パク長官は「良い音楽を作って国に寄与してほしい」と返した。これらのやりとりは、文化などの力が国力を左右するというソフトパワー論を念頭においたやりとりであった。

その後、北京に到着したメンバーを待っていたのは、多数のファンたちとテレビの生中継であった。あまりに多くのファンが押し寄せたため空港は大混乱となり、軍の空港部隊が出動するほどであった。

北京公演の会場となったのは、一万二〇〇〇人を収容できる北京工人体育館であった。リハーサルで会場をみたメンバーたちはこれほどの人が自分たちのために集まるのか、やはり直前まで不安だったという。しかしそれは杞憂《きゆう》であった。ステージに立った彼らの前にはすべての席を埋め尽くした一万二〇〇〇人のファンたちがいた。

終演後、中国の会場関係者に「工人体育館でこれほどまでに公演を成功させた外国の歌手はこれまで、リッキー・マーティンとH.O.T.だけだ」と言わしめたほどの大成功であった。
H.O.T.ブームは中国の若者文化に大きな影響を与えた。当時の北京市内には「H.O.T.カフェ」ができ、韓国のダンス音楽に合わせてダンスする若者たちの姿があった。ヒップホップ風の韓国ファッションに身を包み、ヘアスタイルも韓国の芸能人を真似ていた。
このような韓国文化のブームを指して、「韓流」という言葉が中国で誕生したのは、九〇年代終わりのことであったが、H.O.T.の北京公演が成功したことで、より盛んに使用されるようになっていった。

†日韓パートナーシップ宣言

クローンが台湾で人気となり、韓国大衆音楽が一気に中国市場へと流入し始めた一九九八年、日韓関係において転機となる宣言が両国首脳によって発表された。いわゆる「日韓パートナーシップ宣言」である。

金泳三政権下で「歴史の立て直し」が行われ、韓国は日本に過去の問題への対応を迫った。日本側はこれに対して一九九五年の「村山談話」などで、韓国を植民地支配した過去について「お詫びと反省」を表明した。

一九六五年の日韓条約ではあやふやにされてきた植民地支配をめぐる問題に対する日本政府の基本的な考え方を外交文書化したのがこの「日韓パートナーシップ宣言」であった。宣言では日本の韓国に対する「お詫びと反省」が初めて二国間の外交文書に記された。当時の首脳は日本側が小渕恵三《おぶちけいぞう》首相、韓国側は金大中大統領であった。宣言には両首脳の次のようなやりとりが記載されている。まず、小渕首相が過去の問題について「痛切な反省と心からのお詫び」を述べる。これに対して金大中大統領は「真摯《しんし》に受け止めてこれを評価する」。

その上で、「政府間交流にとどまらない両国国民の深い相互理解と多様な交流」が、両国の協力関係を構築する基礎になると述べている。これにより、その後の日韓の文化交流が推進されていくことになった。

すでに二〇〇二年のサッカーW杯が日韓両国によって共同開催されることが決定しており、そのような機運がより盛り上がりやすい時代状況であった。

韓国では、これまで規制されてきた日本文化が一九九八年から段階的に解放され、テレビでは『クレヨンしんちゃん』『スラムダンク』『美少女戦士セーラームーン』といった日本のアニメが放映されるようになった。

一方の日本でも韓国に対する好感度が向上していく。総理府による世論調査で韓国に「親しみを感じる」と答えた人が、一九九九年以降には「感じない」と答えた人を継続して上回るようになった。さらに二〇〇〇年には「親しみを感じる」人が過半数となり、二〇〇〇年代前半には継続して「親しみを感じる」と答える人の割合が増えていった。

こうして日本で韓国大衆文化を本格的に受容する環境が整っていくなかで韓流ブームを迎えることとなった。

†エイベックスと沖縄アクターズスクール

韓流ブームに話を移す前に、九〇年代のJ－POPの動きについて簡単にみておきたい。「韓国ブーム」のあった八〇年代には、アイドル音楽などと並んで演歌も一定の人気があり、韓国から来た歌手が演歌歌手として活躍するという現象がみられた。ところが、九〇年代に入ると、新たにJ－POPというジャンルが生まれ、演歌は一気に「冬の時代」を迎える。

九〇年代のJ－POPにはロックやバラードといったさまざまなジャンルの音楽が存在したが、なかでも目をひいたのが、世界的なダンスブームの影響によるダンス歌手たちの活躍であった。J－POPにおけるダンス音楽ブームを牽引したのがエイベックス

(avex)である。

エイベックスは一九八七年に松浦勝人《まつうらまさと》らが設立、翌年に輸入レコードの卸売販売業者として法人化された。一九九〇年にレコード部門としてエイベックス・トラックス(avex trax)が設立されたことによりレコード制作を手がけるようになった。

エイベックスが急成長するきっかけとなったのが、バブル崩壊の頃に人気となったディスコ「ジュリアナ東京」のコンピレーションアルバムのヒットである。その後は小室哲哉によってプロデュースされたダンス曲が人気となり、小室がプロデュースしたアーティストたちは「小室ファミリー」と呼ばれた。エイベックスはミリオンセラーを連発して、日本を代表するレコード会社となった。

エイベックスからこの時期にCDをリリースしたアーティストにはtrf(現TRF)や安室奈美恵、globeなどがいた。

九〇年代当時は、一九七〇年代前半生まれの第二次ベビーブーム世代が二〇代で、彼らがレコードの消費者となってCDは空前の売り上げを記録するようになった。バブル期には好況とは言い難い状況にあった日本のレコード業界は、バブル崩壊後の九〇年代になって「遅れてきたバブル」と呼ばれるほどの好調な業績をあげた。

九〇年代後半になると、安室奈美恵と同じ芸能養成スクール「沖縄アクターズスクール」出身の女性ダンス&ボーカルグループのMAXやSPEEDが人気となる。とりわけSPEEDは一〇代前半ながら優れたダンスパフォーマンスと歌唱により人気を得て、日本のダンス音楽におけるトップスターとなった。しかし、二〇〇〇年三月に人気絶頂のSPEEDが解散にいたったことで、日本のダンス音楽におけるトップスターが不在の状況を生んだ。

演歌に代わってJ-POP黄金時代を迎えた九〇年代の日本に、ソテジ・ワ・アイドゥルや消防車といった韓国を代表する男性グループが進出を試みてもいたが、当時の日本市場では韓国のダンス音楽が大衆化することは難しく、いずれも上手くいかなかった。

消防車に関しては、お笑い芸人のダウンタウンらが「ゆうべの話」を「オジャパメン」というタイトルでカバーした。だが、テレビ番組で披露された「オジャパメン」は一昔前の昭和アイドル風のパフォーマンスと衣装で意味不明の歌詞を歌うといった茶化《ちゃか》した演出であった。

韓国ダンス音楽にあるメッセージ性や斬新さを理解する社会的雰囲気が、当時の日本社会にはまだ生まれていなかったのである。当時の日本におけるイメージとしては韓国音楽といえばまずは演歌であり、その演歌が「時代遅れ」とみなされるJ-POP全盛期の九〇年代日本で、韓国の音楽への正当な評価は得難いものであった。

一方、日本文化開放などの影響で、九〇年代後半の韓国に日本のダンス音楽が流入していくようになると、安室奈美恵やＭＡＸ、ＳＰＥＥＤらの、訓練され完成された女性ダンス歌手のパフォーマンスに注目が集まった。

これらは韓国に衝撃を与え、ジャニーズ事務所の合宿システムと並んで沖縄アクターズスクールが、Ｋ－ＰＯＰの養成システムにおいて参照されるようになっていった。男性に比して、女性アイドルはダンスの実力を求められない傾向のあった当時の韓国において、安室奈美恵やＳＰＥＥＤのように本格的に歌って踊れるＫ－ＰＯＰ女性アイドルグループの登場が期待されるようになったのである。

†第一世代女性アイドルグループS.E.S.

九〇年代後半の韓国で、ＳＭエンターテインメントの李秀満がデビューさせた女性アイドルグループがS.E.S.（エス・イー・エス）であった。

S.E.S.は韓国で生まれ育ったパダ（八〇年生まれ）とグアム出身のユジン（八一年生まれ）、そして在日韓国人三世で神奈川県出身のシュー（八一年生まれ）により構成される一〇代の三人組女性アイドルグループである。H.O.T.を成功させたユ・ヨンジンがプロデュースを担当し、一九九七年にファーストアルバムのタイトル曲「I'm Your Girl」で韓国デビューした。

パワフルなボーカルが魅力のパダ、アイドル的なルックスのユジン、そしてファンを魅了する愛嬌《あいきょう》あふれるシューというそれぞれの個性が相乗効果を生み、多くのファンを獲得した。さらにミュージックビデオには最新のCGを活用し、各メンバーの歌声の魅力を最大限に活かしたハモリを楽曲に取り入れ、第一世代を先導する女性アイドルグループとして成功した。

S.E.S. の成功はこれまで男性が主流であったK-POPアイドル界に新たな風を吹き込み Fin.K.L.（ピンクル、テソン企画〔DPS〕所属、九八年デビュー）や Baby V.O.X（ベイビー・ボックス、DRミュージック所属、九七年デビュー）といったほかの第一世代女性グループとともにY2K期のK-POPシーンを盛り上げた。

S.E.S.『I'm Your Girl』（1997年）

†日本で苦戦するS.E.S.

韓国でトップアイドルグループとなったS.E.S.は、一九九八年一〇月に「めぐりあう世界」でバップから日本デビューし、「韓国のSPEED」と呼ばれてメディアでも紹介された。その後、二〇〇〇年五月にエイベックスに移籍し、丸二年間にわたって日本で活動した。リリースしたシングル曲はたびたび日本のテレビ番組のエンディングテーマなどとして採用されている。

しかし、シングルの売り上げは芳しくなく、日本デビュー曲「めぐりあう世界」がオリコンで三七位だったのがシングル最高位であった。以降、合わせて八枚のシングルをリリースしているが、すべて五〇位以上になることはなく、六枚目のシングル「ＬＯＶＥ～いつまでもオンジェ・カジナ～」が最高一〇〇位、七枚目と八枚目にいたってはランク圏外という結果となった。

失敗の要因はいくつか考えられるが、韓国の音楽に関心をもつ人が当時の日本で圧倒的に少なかったというのが一点、もう一点が日本語で歌っているにもかかわらず、トークができなかったというのが要因として考えられる。

S.E.S. のメンバーのうち在日韓国人のシューを除けば日本語はほとんど話すことができなかった。しかし、当時日本の音楽番組は石橋貴明《いしばしたかあき》（とんねるず）やダウンタウンといったお笑い芸人が司会をしており、そこでは司会者たちとトークをしながらアーティストの素顔をみせることで人気を得ていくというプロモーション戦略が必要とされた。

今日のように一定数のＫ－ＰＯＰファンが存在する状況とは異なり、通訳を必要とするS.E.S. のメンバーたちがスムーズに日本語でトークができないことはマイナス要素となった。すでに八〇年代、日本語でトークする韓国人演歌歌手に慣れてしまった日本社会で、日本語のできないアーティストを身近な存在として感じる視聴者は多くはなかったのである。

SMエンターテインメントはこの失敗から、日本進出のためには「外国の歌手」でなく、J-POPの歌手としてより現地化したアーティストが求められることを学んだ。

†BoAの日本進出とエイベックスとの連携

SPEED解散の衝撃がJ-POP界で未だ続いていた二〇〇〇年八月、韓国では李秀満のもとで訓練を受けた一〇代前半の少女がデビューした。一九八六年生まれのBoAである。

BoA『ID; Peace B』(2000年)

BoAは一〇代前半とは思えない圧倒的なダンススキルと歌唱力で韓国大衆音楽界を凌駕した。ファーストアルバム『ID; Peace B』リリース以降、二〇〇〇年の年末にKMTV「歌謡大典」で「今年の女性新人賞」受賞、〇二年に「NO.1」が大ヒットして新たなK-POPスターとしての地位を韓国で確立していく。

それと並行して、李秀満はBoAを日本に進出させることを構想していた。李秀満はエイベックスの松浦勝人に当時一四歳だったBoAを猛烈にアピールした。これまで日本市場で数多くのダンス音楽をヒットさせてきたエイベックスとの連携を構築することで、BoAや彼女に続く自社アーティストの安定的な日本進出ルートを確立しようとしたのである。

李秀満からのアプローチに対して、エイベックス側は松浦のほか当時の会長と副会長が対応した。BoAのことを知り、「これは逸材だ、日本でやってみよう」という話になったという。その一方で当時の日本で韓国のアイドルを売り出す困難さも理解していたが、その壁を乗り越えてBoAを受け入れることにした。

エイベックスが日本市場で積み上げてきた経営、人材育成、広報販売戦略などのスキルは、日本市場への進出を目指す当時の李秀満にとってまさに学ぶべきものであった。S.E.S.の日本進出での失敗から、日本の音楽事情により適合したアーティストを日本に送り込むためには、日本市場でダンス音楽分野での蓄積があるエイベックスの力添えは不可欠であった。

以降、ＳＭエンターテインメントは日本市場においてエイベックスとの連携を強化していく。そのなかで、ＳＭは九〇年代のＪ－ＰＯＰ黄金期を築いたエイベックスが培ってきたさまざまなノウハウを学び、自国でのアーティスト育成やマネージメント、マーケティングなどに活かしていった。

そして、ついにSMエンターテインメントとエイベックスがタッグを組んで、二〇〇一年五月にBoAは日本デビューを果たすことになる。

†「J-POPの歌手」BoA

日本でのBoAのデビューには、徹底した現地化戦略がとられた。その結果、日本語で歌い、日本語でトークする「J-POPの歌手」として日本で受け入れられ、二〇〇二年から〇七年の紅白に六回連続で出場している。

BoAが日本で活動した時期は、二〇〇二年のサッカーW杯日韓共催とそれに続く二〇〇三年から二〇〇四年のNHKでのドラマ『冬のソナタ』放映による第一次韓流ブームによって日本で韓国が注目された時期であった。

それがBoAの活動にとってプラスに働いたことは否めないが、それでも彼女は「J-POPの歌手」であり続けた。

第一次韓流ブームでは韓国ドラマの人気が高まったものの、ブームの担い手は主に中高年女性であった。すなわち、ヒップホップなど九〇年代以降のブラック・ミュージックを基盤としたK－POPのサウンドに不慣れな層が中心であった第一次ブームにおいてはK－POPはブームの中心とはならなかった。

そのようななかで、BoAは敢えて中高年女性中心の文化であった当時の「韓流」とは距離をとり、若者向けのJ－POPアーティストとしてのポジションを維持し続けたのである。韓国コンテンツからノスタルジーを感じる「韓流」とは無縁な、最新のサウンドとダンスを通じて常に新しさを感じさせる文化的アイコン、それが日本でのBoAの立ち位置であった。

しかし、BoAの成功は、韓流ブームを経験した日本社会がK－POPに対する認識を少しずつ変化させる契機となった。SMエンターテインメントはエイベックスとの連携関係のなかで次なるK－POPスターを送り出してくることになった。BoAと韓流ブームがもたらした変化に対応するように、続く第二世代のアーティストはK－POPを前面に出して日本に進出したのである（第4章）。

†ピによるアメリカ進出への挑戦

BoAが日本で活躍していた二〇〇〇年代にアメリカへの進出を試みたK－POP歌手がいた。一九八二年生まれのピ（RAIN、本名はチョン・ジフン）である。ピはJYPエンターテインメントの練習生から一九九八年に一度、男性グループのメンバーとしてデビューしたのち、二〇〇二年にソロ歌手「ピ（RAIN）」として活動を開始した。

ピは海外進出に積極的で、タイや日本、中国などで活動した。日本では二〇〇五年二月に日本ファーストアルバム『IT'S RAINING』をリリースしてデビューしている。二〇〇五年にはタイで開催された「MTV ASIA AID（MAA）」で最高人気韓国歌手賞を受賞、日本で開催された「MTV Video Music Awards Japan（VMAJ）」で韓国歌手賞を受賞している。さらに中国の「CCTV-MTV Mandarin Music Honors（MMH）」でも今年の韓国歌手賞を受賞するなど、アジア各国で韓国を代表する男性ソロ歌手として評価された。

また同年九月には韓国の歌手としては初めて、日本武道館での二日連続単独コンサートを開催している。加えて一〇月に中国北京での大規模コンサートも行われた。

ピ『IT'S RAINING』（2005年）

こうしてアジアで一定の成功を収めたピは、次なる進出先としてポピュラー音楽の本場であるアメリカを考えるようになった。アメリカのメディアはピに注目し、二〇〇五年一一月一九日にCNNの番組『Talk Asia』で「アジアを代表するポップカルチャーのアイコン」としてピを紹介するインタビューが放映された。この番組で韓国人がインタビューの対象となるのはピが初めてであった。

こうしたメディア露出を重ねながらアメリカでの歌手活動を模索したピは、二〇〇六年二月にニューヨークのマディソン・スクエア・ガーデン・シアターで「Rainy Day-New York」を開催した。当時は「観客のほとんどがアジア系であった」「パフォーマンスがアメリカのアーティストの模倣でしかない」などの厳しい指摘もあった。また、進出の規模も今日のBTSなどとは比較できない程度のものであったことは確かであろう。

だが、アジアでの成功を基盤として二〇〇〇年代のアメリカで実際に活動したという意味で、ピはK-POP界におけるアメリカ進出の先駆けということができるだろう。

二〇〇六年五月にはアメリカの『タイム』誌「世界で最も影響力のある一〇〇人」の一人として選ばれ、以降はハリウッド映画に出演するなどの活動をしている。

第 4 章

ソーシャルメディア時代のK-POPブーム
――少女時代・KARA・TWICE・NiziU

少女時代、東方神起、BoAなどが所属し、K-POP世界化の基盤を築いたSMエンターテインメントの旧本社ビル(2020年、著者撮影)

1 少女時代、KARA人気と日韓の外交的葛藤

†東方神起の登場

BoAの日本進出を成功させたSMエンターテインメントは、エイベックスとの連携を継続しつつ、新たなアーティストを日本に送り込んだ。男性アイドルグループの東方神起である。

東方神起は二〇〇三年に韓国で結成され、二〇〇四年二月に韓国デビューした。グループ名が漢字になっているのは、当初から日本や中国など周辺の漢字文化圏への進出を考えてのものであった。

現在は二名で活動しているが、もとは男性五人組アイドルグループであった。リーダーのユンホとチャンミン、そして現在は脱退したジェジュン、ジュンス、ユチョンいずれもが八〇年代後半の生まれである。

東方神起の特徴は、従来のK‐POPアイドルグループにあった役割分担をなくし、全員がダンスの実力とともにメインボーカルを担当できる歌唱力をもったメンバーで構成さ

れていることである。そのため「ダンスボーカルグループ」などと表現されることもあった。

SMエンターテインメントにとってはH.O.T.に始まるSM正統派の流れをくんだ男性アイドルグループのデビューであった。しかし、東方神起がデビューした二〇〇四年当時の韓国は第一世代グループの人気が一段落しており、「男性グループ空白期」とでもいうべき状況にあった。人気がある男性歌手はピやYGエンターテインメントに所属していたSE7EN（セブン）といったソロが主流となっていた。

そのなかで敢えてグループアイドルで勝負をかけたSMエンターテインメントは、親しみやすさよりも、普通の人でないスーパースターのイメージを徹底的に付与することで差別化を図る戦略をとった。

「東方の神が起きる」というグループ名の意味も、「神」のような人間を超える存在をイメージさせるプロモーション戦略によるものであった。また、舞台衣装も日常的な服装ではなく戦闘服のような非日常性をもったコンセプトのものを採用した。

このような戦略が功を奏し、二〇〇四年の年末には各種音楽賞で新人賞などを次々と受賞する。こうして順風満帆のデビューを果たした東方神起は、K－POPをリードする男性グループとなり、後に続けとばかりにライバルグループのSS501（当時DSPエンタ

東方神起の 2ndアルバム『Rising Sun』（2005年）

ーテインメント所属）をはじめ男性アイドルグループのデビューが相次いだ。これら二〇〇〇年代中盤にデビューしたK－POPアイドルを第二世代と呼ぶ。

✝東方神起の日本進出

韓国でのデビューを成功させた東方神起は、二〇〇五年四月に日本でもデビューする。ＳＭエンターテインメントと連携を強めていたエイベックス傘下のレーベル rhythm zone からデビュー曲「Stay With Me Tonight」をリリースした。この曲はオリコン週間シングルランキングで初登場三七位が最高であった。

その後、一年の間に五枚のシングルを日本でリリースしたが、オリコン週間ランキングでの最高位は一四位にとどまった。日本では韓国でのような大スターになかなかなれなかったのである。

このような状況に変化が表れたのが二〇〇六年の夏以降であった。徐々に日本でファンを獲得し、二〇〇六年一一月にリリースした「miss you」は三位を記録することとなった。その後、翌〇七年にリリースした曲は二位まで上昇していく。

そして、ついに一位を獲得したのは二〇〇八年一月にリリースされた「Purple Line」

であった。日本デビューからはすでに三年近い月日が流れていたが、この年、東方神起は日本でアリーナツアーを成し遂げ、年末には紅白初出場を果たした。

韓国ではすでにデビュー直後から大スターとなっていた東方神起であったが、日本では小さな会場やライブに適さない会場での公演でファンと触れ合うなど、地道な活動を行っていた。

知名度の低かったデビュー一年目にはオリコンの上位一〇位に入るのは非常に困難だったが、地道な活動を続けながら三年かけて一位を獲得し、アリーナツアーや紅白出場へと結びついたのである。さらに、二〇〇九年には東京ドームでの単独コンサートを実現した。

韓国の新聞『中央日報』オンライン日本語版の記事「東方神起、日本へ向かった理由は(1)」(二〇〇九年七月一〇日掲載)は、韓国では想像もつかない東方神起の日本での苦労について「臨時ステージでもなくデパートの通路の階段や大学のがらんとした講堂で、数十人を集めて歌う動画像は、東方神起の韓国人ファンにとっては涙なしには見られない伝説だ」と述べる。このような苦労の末に東方神起は日本での成功をつかんだ。

その後は日本でも人気スターとなり、多くのシングルが一位や二位を獲得するようになった。その一方、韓国内でSMエンターテインメントとの契約をめぐってジェジュン、ジュンス、ユチョンが訴訟を起こし、その余波で二〇一〇年四月に日本での東方神起の活動休止がエイベックスから発表された。

結局三人はＳＭエンターテインメントと決別して新ユニットＪＹＪを結成し、東方神起の活動は二〇一一年から二人体制で再開されることとなった。

以上のように、東方神起の日本進出は波瀾万丈であったが、その後のＫ－ＰＯＰ男性グループが日本進出する際のロールモデルとなった。

✝少女時代の日本進出と第一次Ｋ－ＰＯＰブーム

東方神起に続いてＳＭエンターテインメントから日本に進出したのは九人組女性グループの少女時代であった。

少女時代は二〇〇七年八月に「また巡り逢えた世界（タシ・マンナン・セゲ）」で韓国デビューし、「ゴールデンディスク賞」などの新人賞を受賞した。

デビュー同期にはＪＹＰエンターテインメント所属のWonder GirlsやＤＳＰエンターテインメント（現在のＤＰＳメディア）に所属していたＫＡＲＡといった第二世代女性グループの中核的グループがいる。ファーストアルバムのタイトル曲「Tell me」がいち早く大ヒットとなったWonder Girlsの背中を追いながらそのライバルグループとして活動し、二〇〇九年一月にリリースした「Gee」で大ブレイクした。「Gee」はＫＢＳの音楽番組

「ミュージックバンク」で九週連続一位を記録するなど、各種音楽チャートで連続一位となった。

こうしてついに、少女時代は韓国のトップ女性アイドルグループとなった。

韓国で成功した少女時代は二〇一〇年八月一日に「GENIE」をリリースして日本デビューを果たし、八月二五日には東京の有明コロシアムでデビュー・ショーケースを行った。ショーケース開催前に『中央日報』日本語版は「少女時代は二五日、東京の有明コロシアムで三回にわたりショーケースを開く。当初、一回の公演が予定されていたが、ファンの爆発的な反応のため三回に増えた。今回のショーケースは少女時代の日本デビュー記念DVD購買者を対象に開かれる。すでに日本メディアおよび音楽ファンの注目を受け、二万人の観客が集まる見込みだ」(二〇一〇年八月一八日掲載)と報じた。

少女時代『New Beginning of Girls' Generation』(2010年)

さらに続けてこの記事は「一一日に日本で発売された少女時代の日本デビュー記念DVD『New Beginning of Girls' Generation』がオリコンDVDウィークリー音楽チャート三位、総合DVDチャートでも四位となり、韓国女性グループでは初めてオリコンDVD総合チャートTOP5に入った」と、すでにデビュー時には高い人気を誇っていたことを伝えている。

続く日本での二枚目のシングル「Gee」は六万六〇〇〇枚の売り上げを記録し、オリコンのシングル週間チャートで二位となった。

こうして少女時代は日本でも人気となり、二〇一一年六月には日本ファーストアルバム『GIRLS' GENERATION』をリリースしたが、これがオリコン週間チャートで一位を獲得した。

少女時代は、同じく二〇一〇年八月に「ミスター」で日本デビューしたKARAとともに日本における第一次K－POPブームの火付け役となり、日本でK－POPを中心とした第二次韓流ブームを巻き起こした。

✝東方神起と少女時代の違い

ただ、二〇〇〇年代中盤に日本進出した東方神起と、二〇一〇年に日本進出した少女時代には大きな違いがある。

先に日本進出した東方神起は、地道に小さな会場でファンと交流してきた。それによって少しずつ日本での認知度を上げ、時間をかけて日本で人気スターとなった。

これに対し、後発の少女時代の場合は、デビュー時点ですでに多くのファンが日本に存在していた。少女時代はデビュー・ショーケースの時点で二万人以上を集客できるほどの人気だったのである。

この違いがどこから来るのか考えてみたい。すでにBoAや東方神起が日本で活躍していたので、少女時代が注目されやすかった、ということも考えられなくはない。もちろん、彼らの実績が少女時代の人気にプラスになったことは確かであろう。

しかし、それだけでは説明できないことがある。ショーケースに集まったファンたちのコールである。当時の映像を観てみると、日本のファンたちが一斉に、少女時代の歌う曲に合わせて韓国とまったく同じ韓国語のコールをしているのである。

コンサートを日本で一度も開催したことのない外国から来た「新人」グループのファンたちに、どうしてこのようなことが可能だったのであろうか。

†スマートフォンとK－POPの拡散

これを可能にしたのは、なんといっても情報通信技術の発展とその普及であろう。二〇〇〇年代の前期と後期では、情報通信技術をめぐる一般ユーザーの利用環境が大きく変化した。具体的には、YouTube・SNS・スマートフォンの三つが普及したことである。

YouTubeは二〇〇五年にサービスが開始され（〇六年にグーグル社により買収）、二〇〇〇年代後半に普及し始めた動画共有サイトである。また、SNSはツイッターとフェイスブックが二〇〇八年から日本語によるサービスを開始し、日本国内での利用が増え始めた。これにより、YouTubeなどの動画共有サイトにアップされた韓国の音楽番組やミュージックビデオの映像を、SNSを通じてシェアすることができるようになった。

SNSによる動画へのアクセスやシェアをより手軽にしたのがスマートフォンの登場である。日本市場では、第三世代（3G）携帯電話対応のiPhone3Gが二〇〇八年七月にソフトバンクから発売され、スマートフォンの時代に突入した。翌〇九年からは日本の各メーカーやSAMSUNG（サムスン）など韓国メーカーの商品も店頭に並ぶようになり普及していった。

さらにYouTubeの普及により、日本のユーザーたちは韓国でのK－POPの最新映像にほぼリアルタイムにアクセスできるようになった。BoAや東方神起の活躍、韓流ブームなどにより、これらK－POPの映像をYouTubeで観る日本のユーザーの数も増えた。彼らが単に個人で楽しむだけでなく、気に入った動画をSNSでシェアすることで、K－POPの動画が拡散されるようになる。

このような動きが活発になり始めた二〇〇九年当時、韓国では「Gee」が記録的なヒット曲となる。その様子はYouTubeにアップされた動画を通じて日本でも広まり、拡散された。それを観たユーザーのなかから少女時代のファンになる者が現れ、ファン同士でも交流するようになった。こうして、日本でまったく活動したことのない少女時代のファンコミュニティがオンライン上ですでに形成されていたのである。

東方神起が日本進出した二〇〇〇年代前半〜中盤にもブログやファンサイトのようなものは存在したが、動画共有や情報拡散という点では大きな力にはならなかった。当時はまだ、アーティスト自身によるオフラインのライブやイベントの方が人気獲得において重要な意味をもっていたのである。

ところが、少女時代が日本に進出した二〇一〇年には、K-POPの拡散にYouTubeやSNSの果たす役割が大きくなっていた。そのため少女時代は東方神起のように直接ファンとの交流がなかった時点でも、すでに多くのファンを獲得し、ファンたちも動画で観た韓国ファンのコールを東京で再現できたのである。

少女時代のデビュー・ショーケースは、日本における本格的なK-POPブームの到来を告げるものであっただけでなく、K-POPの拡散方式が大きく変化したことを示す出来事でもあったのである。

†第一次K-POPブーム

少女時代と同時期に日本に進出した四人組女性グループKARAはバラエティ番組に出

演し、日本語で日本のタレントとのトークを繰り広げながらさらにファン層を広げた。地上波テレビでのK‐POPアイドルの露出は増え、雑誌や広告にも登場するようになった。K‐POPブームは日本社会で可視化されていったのである。

『冬のソナタ』ファンをはじめ、中高年女性が中心であった第一次韓流ブームとは異なり、「第二次韓流ブーム＝第一次K‐POPブーム」では一〇代から二〇代の若い女性たちが担い手となり、これらの人々に韓国コスメや韓国ファッション、韓国料理といったK‐POP以外の商品や文化に目を向けさせる機会にもなった。韓国関連の商店が並ぶ新大久保の職安通りは、週末のたびに若い女性たちで混雑するようになる。

KARAの日本デビューシングル「ミスター」(2010年)

エイベックスの戦略により、BoAや東方神起は中高年中心の「韓流」から距離をとってきたが、これにより若者に支持されるK‐POPを中心とした新たなカルチャーが日本で花開いていく。この頃から、「韓流」とは別に「Kカルチャー」という言葉も使用されるようになった。

†BIGBANGの先進性

ヤン・ヒョンソク率いるYGエンターテインメントは、韓国で人気となっていた五人組男性グループBIGBANG（ビッグバン）や四人組女性グループ2NE1（トゥエニィワン）を日本に進出させた。

BIGBANGは一九八八年生まれのジヨン（G-DRAGON）とテヤン（SOL）、一九八九年生まれのデソン（D-LITE）、一九八七年生まれのT.O.P、そして現在は脱退した一九九〇年生まれのスンリ（V.I）のYG練習生出身五人で構成される男性ダンス&ボーカルグループである。二〇〇六年八月に韓国でデビューした第二世代で、デビューした年の年末にはすでにソウルオリンピック・メインスタジアムで単独コンサートを開催するなど絶大な人気を集めた。

BIGBANGの日本デビューシングル「MY HEAVEN」（2009年）

日本では二〇〇八年にインディーズレーベルからミニアルバムをリリースし、JCBホール（東京）や大阪城ホールでの公演も行っていた。

翌二〇〇九年六月に日本ファーストシングル「MY HEAVEN」をリリースしてメジャーデビューし、オリコン週間チャートで三位を記録、続く日本セカンドシングル「ガラガラGO!!」もオリコン週間五位となるなど、順調に人気を伸ばした。二〇〇九年の「日本レコード大賞」では最優秀新人賞を受賞している。

二〇一〇年代には、アジアばかりでなく欧米にもファンを獲得し、世界ツアーを行って、BTSなど第三世代によるK-POP世界化の足がかりを作ったグループとして評価されている。

†「強い女性」像を体現した2NE1

YGエンターテインメントがBIGBANGの後続グループとしてデビューさせたのが2NE1である。2NE1はデビュー前に二〇〇九年三月リリースのBIGBANGのデジタルシングル「Lollipop」のミュージックビデオで、BIGBANGとともに歌とダンスを披露し話題になった。そして、二〇〇九年五月に「Fire」でデビューした。

メンバーは一九八四年生まれのダラ（ビジュアル担当）とボム（メインボーカル）、九一年生まれで日本語、英語、フランス語が得意なリーダーのCL、九四年生まれでメインダンサー兼リードラッパーのミンジの四人である。

日本では二〇一一年三月にデビューし、九月からは初の日本ツアーで七万人を動員した。ツアー中に発売したミニアルバム『NOLZA』がオリコンアルバムチャートで一位を獲得するなど、日本でのデビューを成功させた。

２ＮＥ１は少女時代やＫＡＲＡのような清純派アイドル路線とは一線を画す、「強い女性」をコンセプトとした音楽性を押し出した。これにより、時代の変化に敏感な女性たちの支持を集め、音楽ばかりでなく独特のファッションも注目された。

この路線は「ガールクラッシュ」としてＹＧエンターテインメントの後輩であるＢＬＡＣＫＰＩＮＫをはじめとした第三世代の女性グループへと継承されていく。ＢＩＧＢＡＮＧ同様、２ＮＥ１もまた時代を先取りした音楽とパフォーマンスを展開しファンたちの共感を得たのであった。

†Ｋ－ＰＯＰ全盛の時代へ

これまで挙げた以外にも、男性グループではFTISLAND（エフティアイランド）やSHINee（シャイニー）、２ＰＭ（トゥー・ピーエム）、女性グループでは4minute（フォーミニット）、T-ARA（ティアラ）などが日本に進出して人気となった。

なかでも、日本の第一次Ｋ－ＰＯＰブームに貢献した東方神起・少女時代・ＫＡＲＡは二〇一一年年末の紅白歌合戦にそろって出場することとなる。東方神起は三回目（二〇〇八・〇九年の五人時代に出場、二人体制では初）、少女時代とＫＡＲＡは初出場で、一九八九年に韓国歌手が四人出場して以来の韓国アーティスト出場規模であった。

年が明けた二〇一二年にもK‐POPグループの日本での活動は活発であった。

BIGBANGは世界一二カ国でのワールドツアーの一環として、日本で「BIGBANG ALIVE TOUR 2012 IN JAPAN」と題したアリーナツアーを愛知、神奈川、大阪、埼玉、福岡で行い、全国で四五万人を動員した。加えて、年末には東京ドームでの単独公演も開催している。

KARAは初めての日本単独アリーナツアー「KARA 1st JAPAN TOUR 2012『KARA-SIA』」を横浜、大阪、名古屋、福岡、東京、そして追加公演の埼玉と六都市で公演、すべての会場で全席完売となり一五万人を動員した。加えて、全国六〇カ所の映画館で同時中継を行ったが、これも完売となる盛況ぶりであった。

少女時代は九月、日本で五枚目になるシングル「Oh!」とミュージッククリップ集のDVDおよびBDをリリースした。これらが、シングル、DVD、BDのオリコン週間チャートで同時に一位を獲得。同時に三つの分野で一位を獲得するのは海外アーティストでは初めてのことであった。

二人体制となった東方神起は日本全国ツアー「TOHOSHINKI LIVE TOUR 2012 ~TONE~」を開催し、東京ドームや京セラドーム大阪をはじめ九都市でのべ五〇万人を動員。これは以前の五人体制時代を超える規模であった。

コンサートプロモーターズ協会（A.C.P.C.）の「平成二四年（二〇一二年）基礎調査報告書」によると、韓国アーティストの一公演当たりの平均動員数は四五八六人であった。「北中米」は一九九六人、全体では一六一一人であったので、二〇一二年におけるK‐POPアーティストの公演規模がいかに大きかったかが統計的にもうかがい知ることができよう。

こうして二〇一二年には、日本におけるK‐POP人気は大きな盛り上がりをみせた。

李明博大統領の竹島訪問と二〇一二年紅白

日本でK‐POPが大きな盛り上がりをみせていた二〇一二年八月、韓国の李明博《イミョンバク》大統領が領有権をめぐって日韓間で対立のある竹島（韓国名は独島《トクト》）を突然訪問した。日本政府は反発を示し、日本メディアは一斉にこれを批判的に報じた。

これまでの韓流ブームやK‐POPブームのなかでも日韓関係の懸案は存在していた。例えば第一次韓流ブームの際には当時の小泉純一郎《こいずみじゅんいちろう》首相の靖国神社参拝をめぐって韓国の政府や世論は日本に批判的であったが、これにより日本の韓流ブームが大きな影響を受けることはなかった。また、両国の外交関係は冷え込むこともなく、むしろ「問題があるからこそ積極的外交が必要」という姿勢で、首脳間外交は継続された。

しかし、二〇一二年の李明博による竹島／独島訪問の衝撃は、これまでにない日韓関係の悪化を招く結果となった。

その影響はエンタメ界にも波及し、地上波のテレビではK－POPアーティストの出演機会が激減する一方で、「嫌韓《けんかん》」本が売り上げを伸ばしていた。

このような雰囲気のなか一一月二六日、東京渋谷のNHKで年末の紅白歌合戦に出場する歌手が発表された。

しかし、そこにK－POPアーティストの名前は一つもなかった。これに対し、記者からその理由を問う質問が出たが、「総合的判断によるもの」という返答で、具体的な理由の説明はなされなかった。日韓関係の状況が状況であるだけに、領土問題が影響したのでは、という質問も出たが、NHK側は関連を否定した。

二〇一二年にはK－POPは盛り上がりをみせていたので、NHKがいくら否定をしても日韓関係と関連づける報道が相次いだ。加えて、九月に行われたNHKの定例会で松本《まつもと》正之《まさゆき》会長がK－POPアーティストが出場した場合の視聴者からの反感を憂慮するコメントを述べたことが報じられると、その疑念は高まった。また、韓国メディアも領土問題が影響したと受けとめる報道をした。

結局、二〇一二年から一六年まで、紅白の舞台からK－POPアーティストの姿が消えることとなった。

†「嫌韓」と「陣地戦」

テレビなどオールドメディアでK-POPアーティストの露出機会が減少したといっても、K-POP人気自体が急落したというわけではない。K-POPアーティストたちのコンサートは依然として大盛況で、音源や音盤による収益も激減したわけではなかった。

そのため、二〇一二年夏以降の日本におけるK-POPの状況について「悪化した日韓関係とは関わりなくブームは続いていた」などと語られることがある。「ただテレビでの露出が減少しただけで特に影響はない」というわけである。

確かに従来から人気のあった東方神起やBIGBANGのようなアーティストたちは、この時期もコンサートの動員数や売り上げは順調で、大きな影響は受けていないようにみえる。東方神起は二〇一三年に日本で行った公演で八九万人を動員しているし、BIGBANGは二〇一四年に九二万人もの観客を日本で動員している。

だが、このような見方は数値にだけ目を向けたもので、ファンたちがどのような状況に置かれていたのかについて無視したものといえよう。「嫌韓」的な雰囲気の社会にあって、K-POPファンたちは周囲からこのような言葉をしばしば投げかけられるようになった。

「韓国の歌手が好きなら、韓国も好きなの？」

これに対して多くの場合、衝突を回避するために「韓国が好きなのではなくて、音楽が好きなだけ」などと答える。つまり、K-POPが好きだと言うと、領土や歴史の問題をめぐって韓国政府の立場に共感する「親韓派」ではないかと疑われて、「踏み絵」を踏まされるのだ。この時期には、日本社会でK-POPファンでいること自体に一種の「生存戦略」が求められた。

相手を選ばず気軽に「K-POPが好き」であることすら言いにくい時代状況のなかで、ファンたちはインターネット空間をアジトとして活用した。すなわち、イタリアの哲学者アントニオ・グラムシがいう「陣地戦」を実践したのである。

グラムシは支配イデオロギーのヘゲモニーに対抗するための方法として、正面から闘う「正面戦争」とは別に、それぞれの場所でアジトを構築しつつ、日常のさまざまな場面でしたたかに展開する「陣地戦」の重要性を語っている。

日韓関係が極度に悪化し、主流メディアによって韓国に批判的な言説が再生産され、「嫌韓」イデオロギーが社会を覆いつつあるなか、それに対抗してファンたちは好きな音楽を守るためのアジトをネット上に築いた。そして、そのアジトを拠点として同志＝ほかのファンたちと交流しながら、「嫌韓」イデオロギーが攻撃する「K-POPを楽しむ場」を守る「陣地戦」を行っていたのである。

学校の教師や同級生から、家庭で配偶者や両親や祖父母から、職場の上司や同僚から、「なんで韓国の音楽なんか聴くんだ?」と言われても、こういった「嫌韓」イデオロギーに対抗する営みがファンの日常で静かに、そして、したたかに展開されたわけである。

これらK－POPファンたちが日常を闘い抜いたことに対して、「悪化した日韓関係とは関わりなくブームは続いていた」などとは言えないだろう。「ブームは続いていた」のではなく悪化した日韓関係のはざまでファンたちが苦闘しつつ「続けていた」のである。

このような状況は、二〇一七年にあるグループが日本に進出したことで徐々に変化が訪れた。TWICEである。

2　TWICEの日本進出と「戦後最悪の日韓関係」

†ミサモ、K－POPスターを目指して

日本でも人気のTWICEはJYPエンターテインメント所属の九人組女性グループだが、メンバーのうち三人が日本人である。彼女たちはミナ、サナ、モモといい、ファンの

間では三人合わせて「ミサモ」という愛称で親しまれている。K－POPスターを目指して日本から韓国に渡り、JYPエンターテインメントでの厳しい練習生生活の末にデビューした。

ミナはアメリカで一九九七年に生まれ、幼いうちに家族とともに帰国して兵庫県西宮市で育った。一一年間のバレエ経験があり、中学時代にはK－POPに憧れてダンススクールにも通っていた。高校時代に大阪市内のデパートでJYP関係者にスカウトされてオーディションを受け、二〇一四年にJYPの練習生となった。

サナは大阪市で一九九六年に生まれ、中学生の時に大阪ミナミの地下ショッピングモールでJYP関係者にスカウトされた。その後、オーディションに合格して二〇一二年にJYPの練習生となっている。

モモは京都府で一九九六年に生まれた。三歳からダンスを始め、小学五年生の時にはすでに韓国の歌手Lexy（レクシー）のミュージックビデオにダンサーとして出演していた。JYP入りのきっかけとなったのは、YouTubeにアップした姉妹でダンスする動画を関係者が観たことだった。連絡を受けたモモはオーディションを受けて合格し、サナと同じタイミングで練習生となった。

三人は二〇一五年五月から韓国の音楽専門ケーブルテレビ局Mnet（エムネット）で放映

されたオーディション番組「SIXTEEN」に出演し、デビューメンバーに選ばれた。こうしてミナ、サナ、モモの三人は第三世代を代表する女性グループの一つTWICEのメンバーとしてデビューすることとなる。

†TWICEの日本進出

TWICEは日本人メンバー三人のほか、「SIXTEEN」で選抜された韓国人五人と台湾人一人の計九人で結成され、二〇一五年一〇月に韓国デビューした。二〇一六年にリリースした「CHEER UP」により韓国で大ブレイクし、「ゴールデンディスク賞」の大賞や「Mnet Asian Music Awards（MAMA）」の今年の歌賞など複数の音楽賞を受賞した。「SIXTEEN」はケーブルテレビやネットテレビを通じて日本でも放映され、日本人メンバーのいるTWICEは日本でも特に注目されるK－POPグループとなった。

そしてついに、二〇一七年六月にベストアルバムをワーナー・ミュージック・ジャパンからリリースして日本でデビューした。日本人が三人も参加するK－POPグループの日本デビューは「韓国の歌手が好きなら、韓国も好きなの？」というような質問を無意味なものにしてしまう出来事であった。日本人の若者が夢を抱いて韓国に渡って努力し、韓国人、台湾人の参加するK－POPグループの一員として日本に凱旋《がいせん》したのである。

二〇一一年以来、紅白から姿を消していたK‐POP勢であったが、二〇一七年にTWICEが初出場して、二〇一九年まで三回連続出場を果たした。こうして、嫌韓の時代をファンの「陣地戦」で乗り越えた日本のK‐POPは第二次ブームを迎えることになる。

TWICE『What is Love?』(2018年)

二〇一〇年代のK‐POPは、「嫌韓」イデオロギーが想定しているような韓国一国主義のナショナルなものをすでに脱皮して、メンバー、ファンともに多国籍化を実現し、トランスナショナルな文化となっていた。日本社会にとって、TWICEはそれを象徴する存在であった。

TWICEは日本でも認められ、二〇一八年には「Wake Me Up」で「日本レコード大賞」優秀作品賞を受賞する。さらに、一九年から二〇年にかけて世界一六都市をめぐる初めてのワールドツアー「TWICE WORLD TOUR 2019 'TWICELIGHTS'」を開催するなど、アジアばかりでなくワールドワイドな人気を誇るK‐POP多国籍グループとして成長した。

TWICEの成功に続き、日本のAKBグループと韓国の各芸能事務所の練習生が参加するオーディション番組「Produce48」が二〇一八年に日韓で放映された。ここで選ばれた一二人で構成される日韓合同女性グループIZ*ONE（アイズワン）は、一八年一〇月から二年半にわたって活動し、日韓で人気を得た。

†BTS・BLACKPINKの日本への進出

第三世代で日本進出したK－POPグループとして忘れてはならないのがBTS（防弾少年団）である。二〇一三年六月に韓国でデビューしたBTSは、二〇一四年に日本デビューした。BTSのK－POPにおける意義は第5章であらためて触れるので、ここでは彼らの日本での活動についてみておきたい。

BTSのデビュー当時は、日本国内の嫌韓感情が強い時期であった。にもかかわらず、二〇一四年にリリースしたシングルはいずれもオリコンのシングル週間チャートで八位以上にランクイン、二〇一五年六月にリリースした「FOR YOU」では初の一位を獲得。

さらに第二次K－POPブームが訪れた二〇一七年以降、二〇一九年までに四枚のシングルを日本でリリースしたが、いずれも一位を獲得している。日本国内の第二次ブームに加え、二〇一八年には世界的な人気を確固たるものにしたこともあり、K－POP界のトップグループとしての実力を日本でも発揮したといえよう。

二〇一八年一一月には、メンバーが着用していたTシャツに原爆のキノコ雲がプリントされていたことが問題となり、出演予定番組のキャンセルなど物議を醸した。これに対し、ＢＴＳ側が「誤解を招くものだった」と謝罪し、さらに「戦争には明確に反対する」というメッセージを発表して事態は収束した。

　日本では歴史問題が非常に敏感にならざるを得ないイシューであることをあらためてＫ－ＰＯＰ界に認識させた出来事であった。しかし、この事態がいったん収束したことで、Ｋ－ＰＯＰの人気が低下することはなく、むしろ拡大していく局面を迎えつつあった。

BLACKPINK『Kill This Love (Japan Version)』(2019年)

　一方、ＢＴＳと並んで日本進出した第三世代で重要なのが、ＹＧエンターテインメント所属の四人組女性グループＢＬＡＣＫＰＩＮＫである。二〇一六年に韓国でデビューしたＢＬＡＣＫＰＩＮＫは「ガールクラッシュ」コンセプトを前面に打ち出し、若い女性たちのアイコンとして憧憬の対象となった。

　日本では二〇一七年七月に日本武道館でデビュー・ショーケースを開催し、翌月ファーストミニアルバムをリリースして日本デビューした。日本で人気となった二〇一八年夏には大阪城ホール、福岡国際センター、幕張メッセの三カ所でアリーナツアー、さらに同年一二月には海外女性グループ初の京セラドーム大阪での単独コンサート「BLACKPINK

ARENA TOUR 2018 "SPECIAL FINAL IN KYOCERA DOME OSAKA"」を開催した。
こうした日本での実績を踏まえて、二〇一九年からはアメリカでの活動に力を入れるようになった。

†「戦後最悪の日韓関係」のなかのK－POPブーム

以上のように、「嫌韓」の時代を経験して「陣地戦」によりK－POP人気を守り抜いたファンたちの力が、第二次K－POPブーム（＝第三次韓流ブーム）を生んだ。しかし、これは決して日韓関係が好転した結果ではなかった。二〇一〇年代後半には報道番組で日韓関係が語られる時に「戦後最悪の日韓関係」と形容されることが多くなった。

ブームによって文化の交流はこれまでにないほど盛んになっていったが、その一方で国家間関係においては懸案が複数存在していた。特に「慰安婦《いあんふ》」や「徴用工《ちょうようこう》」といった過去の歴史をめぐる政府間対立は日韓関係を先行きのみえないものにしてしまっていた。

このような「戦後最悪の日韓関係」のなかでのK－POPブームを理解するにあたって、SNSなどニューメディアの存在を挙げ、「これら新たなメディアによって日韓関係に左右されずにK－POPを楽しめるようになった」との説明がされる場合がある。だが、それは外れているとは言わないまでも、必ずしも適切ではないだろう。

TWICEの登場によって、テレビなどでのK-POPの露出が再び増加していったが、「戦後最悪の日韓関係」という一方の現実の前でK-POPを楽しむことを快く思わない人々がファンの周囲には存在する。

著者が大学で担当する授業の受講生で、「私がK-POP好きなことはお父さんには言えない」「K-POPの話はおじいちゃんの前では絶対にできない」「兄の前でK-POPの動画を観ていると怒鳴られる」などと語る女子学生は一人や二人ではない。

そこでは多くの場合、「おじいちゃん」「お父さん」「兄」といった「目上」の男性が女性に対し、本人の意思に反して、K-POPを聴かない、K-POPについて語らないよう強制する力が働いている。ここから、男性中心的な力関係のもとで自由に趣味を楽しむことを否定する家庭内ハラスメントの様相をうかがうことができる。

二〇一六年以前の状況はその後も消滅したわけではなかった。それまでと同様にファンの「陣地戦」によってK-POPの人気が続いているのだ。

そのブームの中心にいたのがTWICE、BTS、BLACKPINKら第三世代のアイドルたちである。彼らは日本での成功に安住することなく、その成功を足がかりとして世界各地へ、とりわけアメリカへ進出し、さらなる成功をつかんでいった。

彼らの世界的な成功がアーティスト本人の努力の賜物であることはいうまでもない。しかし、その足がかりとなった日本での成功を支えたのは、ファンたちによる日常的な闘い＝「陣地戦」であった。日本のファンたちは、K-POPを「嫌韓」的立場から否定する周囲の人々と時に対立し葛藤しながら、あるいは彼らの目を盗みながら「ファン活」を行ってきたのである。

これら「嫌韓」イデオロギーや家庭内の男性中心的な力関係に対するささやかな抵抗は、「闘う大衆音楽」として形成されたK-POPが日本でたどり着いた一つの文化形態であると言えないだろうか。

3 コロナ禍と日本発K-POPグループNiziU

†新型コロナの拡散と第四次韓流ブームの到来

第三世代はアジアのみならず欧米など世界へと活躍の場を広げていく。飛行機で世界各地を駆けめぐり、さまざまな言語でファンたちと交流する風景は、もはや日常のものとなっていた。

K-POPがグローバルな成功を成し遂げていた二〇二〇年、世界はパンデミックの恐怖に直面することとなった。新型コロナウィルス感染症の流行である。

原因不明のウィルスの存在が最初に明らかになったのは二〇一九年一一月、中国湖北《こほく》省の武漢《ぶかん》市においてであった。その後、急速な感染拡大の兆候をみせたことから、世界保健機構（WHO）は二〇二〇年一月になって「国際的に懸念される公衆衛生上の緊急事態」を宣言し、二月にはパンデミックであるとの見方を事務局長が表明した。

この事態は世界を大きく様変わりさせた。各国は水際対策のために入国制限を設け、国境を越えての移動が大きく制限されることになった。また、都市封鎖や移動制限なども実施され、日常的な行動も制限された。

これによって国境を越えて世界各地を往来していたK-POPアーティストたちも、その活動を大きく制限されることとなる。大規模コンサートはもちろん、小規模なファンミーティングの開催もできなくなった。そのため、文化としてのK-POPのあり方も大きく変化した。

コロナ禍の行動制限により、多くの人々はいわゆる「巣ごもり」を余儀なくされた。自由に人と会ったり、買い物や外食に出かけたりといった日常が奪われることとなったのである。

外出しての娯楽を楽しめなくなった人々は、自宅で楽しむことができる娯楽を模索し始めた。手軽なものとしてはテレビやインターネットがある。人々はそのなかで、韓国の文化コンテンツに出会い、その評判がＳＮＳなどで拡散して、韓国文化コンテンツをコロナ禍で楽しむ人々が増加する。こうして第四次韓流ブームが起こり、拡大していった。

そのなかで最も注目されたのがドラマであった。『愛の不時着』や『梨《イ》泰院《テウォン》クラス』『イカゲーム』などのコンテンツが、Netflix（ネットフリックス）などを通じて「巣ごもり」で制限された生活に文化的な潤いを与えた。

音楽分野でも非接触型のコンテンツとしてのライブ動画やオンラインによる音楽提供サービスを通じて、Ｋ－ＰＯＰの人気が高まった。

ここでは九〇年代末以降、ＩＴ化の波にさらされて進歩してきたＫ－ＰＯＰの強みが大いに発揮され、コンサートやファン向けの各種イベントはオンラインで行われた。アーティストが移動することなしに世界各地からアクセスできるこの方式は、「推し」に直接会えないファンたちの心の慰めとなるとともに、世界各地のファンと同時に触れ合うことができるというメリットがあり、Ｋ－ＰＯＰの拡散にはプラスに働いた。

†コロナ時代のオアシス「虹プロ」

コロナ禍におけるＫ－ＰＯＰの日本市場では、日韓の往来制限のために韓国からの進出

NiziU「Step and a step」（2020年）

が事実上不可能になってしまったが、その一方で、注目を浴びたプロジェクトがあった。ＪＹＰエンターテインメントとソニーミュージックが合同で行った、女性を対象としたグローバルオーディション「Nizi Project」（虹プロ）である。

二〇一九年夏に始まったオーディションは、日本の札幌、仙台、東京、名古屋、大阪、広島、福岡、沖縄の八都市に加え、海外のハワイとロサンゼルスで審査を実施し、一万人を超える応募者からまず二六人が選ばれた。この二六人は四泊五日の東京合宿を経て、さらに韓国での合宿トレーニングを受けるメンバー一四人が選抜された。

そのうち辞退者一名を除く一三人が半年にわたる訓練をＪＹＰのトレーニングセンターで受け、三次審査からJ.Y.Park（パク・ジニョン）がみずから審査をした。こうして選ばれた九人がNiziU（ニジュー）として二〇二〇年一二月にデビューすることとなる。

以上の選抜プロセスはインターネット配信でグローバル公開されたほか、日本テレビ系列で「虹のかけ橋」という番組として放送された。さらに同じ日本テレビ系列の朝の情報番組「スッキリ」でもオーディションの進行に合わせてそのダイジェストが放送された。

これらの放映はちょうど日本国内で強く「巣ごもり」が要求された時期と重なっていた。

通勤通学を自粛するよう求められ、多くの若者が自室にいた。狭い世界に閉じ込められた自分とは対照的に、世界に飛び出そうと努力する参加メンバーたちの喜怒哀楽に共感しながら、多くの若者たちが魅了されていった。

ＪＹＰエンターテインメントが次世代のＫ‐ＰＯＰを構想するなかで生まれた「虹プロ」は、このようにコロナによってさまざまな楽しみを奪われた若者たちのオアシスであった。それと同時に、実は次世代のＫ‐ＰＯＰの一つのモデルを示すものでもあった。

†「日本進出」から「日本発」へ

これまでみてきたように、Ｋ‐ＰＯＰの各事務所は第一世代以降、「日本進出」を一つの目標にしてきた。そのために、韓国人に日本語をマスターさせて現地化する方法（例えばBoA、東方神起）や、メンバーに日本語ネイティブの日本人や在日韓国人を入れる方法（例えばS.E.S.やＴＷＩＣＥ）がとられた。

しかし、最近になって、これとは別の方法で韓国の芸能事務所が日本での展開を考えるようになっている。それはアーティストを韓国から日本に「連れて行く」のではなく、日本現地で選抜し活動させるという方式である。いうなれば、「日本進出」から「日本発」へのシフトである。

同様の方式で結成されたグループはNiziU以外にもすでにいる。

その代表的な例が韓国のCJエンターテインメントが日本の吉本興業とタッグを組んだ合弁会社に所属し、日本人メンバーのみで構成されるJO1（ジェイ・オー・ワン）である。韓国のオーディション番組「PRODUCE101」の日本版である「PRODUCE101 JAPAN」で合格した一一人で構成される男性グループで、二〇二〇年三月に日本デビューしている。二〇二二年の年末には紅白歌合戦に初出場した。

このような現地生産方式は、今後のK－POP界では珍しいことではなくなっていくだろう。現地に連携先を作りつつ世界各地に拠点を設け、そこで選抜・育成したメンバーをデビューさせるという方式は普遍化していくものと予想される。

†「嫌韓」とコロナの時代を超えて

二〇二二年になると治療薬の開発やワクチン接種が進んだこともあって、世界各国が入国制限を緩和する方向へと動き出した。そのなかでも日本は比較的慎重に対応していたが、二〇二二年一〇月になると入国制限緩和へと方針を転換した。

その結果、K－POPアーティストたちが再び日韓を往来し始めるようになった。

これに合わせて、二〇二〇年前後に韓国デビューした第四世代のなかから日本デビューするグループが現れ出す。その一つが六人組女性グループＩＶＥである。ＩＶＥは一〇月一九日に「ELEVEN -Japanese ver.-」をリリースして日本デビューを果たした。ＩＶＥには日本人メンバーのレイがおり、これも日本で注目される要因となった。

Ｋ－ＰＯＰの各種大型イベントや音楽賞の授賞式も、相次いで日本で開催された。一〇月にはグローバルＫ－ＰＯＰイベントである「KCON2022」が東京で開催され、一一月には音楽授賞式である「Mnet Asian Music Awards」（ＭＡＭＡ）が大阪で開催された。いずれの会場にも満員の観客が集まった。「嫌韓」の時代、そしてコロナの時代を乗り越えてきた力みなぎる日本のＫ－ＰＯＰファンたちの姿がそこにはあった。

さらに、一一月一六日には東京渋谷のＮＨＫで二〇二二年年末の紅白歌合戦出場者が発表された。そこにはＴＷＩＣＥをはじめＩＶＥそして、ＢＴＳが所属するＨＹＢＥ傘下のレーベルから韓国デビューしていた五人組女性グループ LE SSERAFIM の名前があった。LE SSERAFIM にもサクラ（元ＨＫＴ48）とカズハという二人の日本人メンバーがいる。

韓国から三組が出場するのは二〇一一年以来であった。加えて、韓国デビューはしていないもののＫ－ＰＯＰのフォーマットで訓練され日本で活躍する NiziU とＪＯ１も出場している。合わせて五組もの「Ｋ－ＰＯＰ勢」が出場した二〇二二年の紅白は、Ｋ－ＰＯＰ人気がコロナ禍を経ても健在であることを年末の日本列島に知らしめた。

第５章

世界化するK-POP

——BTS成功の秘密

BTSが2021年9月20日に演説した国連総会会議場。演説前には「Permission to Dance」のミュージックビデオが会議場で録画された（©Marcello Casal JR/ABr）

1　越境するK‐POP——アジアから世界へ

†中華圏へと越境した第一世代

世界化を目指して発展してきたK‐POPは、これまで世界化に向けてどのように動いてきたのであろうか。また、なぜ世界化に成功することができたのであろうか。最終章となる本章では、この本の「まとめ」としてこれらの問題について、これまでの内容を踏まえつつ俯瞰的に考えてみたい。ここではまず、各世代のK‐POPがどのような段階を経て越境していったのかについて時系列で整理をしておく。

はじめに第一世代についてみてみよう。K‐POP第一世代はH.O.T.のデビュー以降、九〇年代後半にデビューし、K‐POPの時代を切り拓いたアイドルたちである。

第一世代が進出したのは中国・台湾といった中華圏であった。その背景としては中国の改革開放政策、世界的な冷戦の終結、そして韓中国交樹立があった。このような国際環境の変化により中国で韓国コンテンツが受容され、「韓流」という言葉も生まれた。

また、この時期にはIMF経済危機への対応策として、韓国政府がITインフラの整備およびそれと並行したコンテンツ産業の振興を図る。IT化はMP3ファイルによる不正な複製の横行《おうこう》を生み、音楽業界の収益を減少させたが、このピンチを乗り越えるために、オンライン配信を前提とした形態へと音楽業界を再編したことは、それ以降の韓国音楽業界にとってプラスに働いた。

一方、日本への進出も試みられたが、結果として第一世代の進出はうまくいかなかった。しかし、失敗を通して日本市場について学ぶ機会となり、次の世代で成功するためのノウハウが蓄積された。

†日本進出の成功――BoAから第二世代へ

第一世代の失敗を教訓にして日本での成功を収めたのがBoAであった。BoAは日本語で歌い、トークする「J-POPの歌手」として徹底的に現地化を図った。

BoAは第一世代と第二世代の間の時期にデビューした世代で、当時はグループ歌手よりもソロ歌手が優勢になっていた。ピ（RAIN）もこの世代にあたり、アメリカへの進出を試みていたが、現在の基準からすると先駆けではあっても成功とはいえない規模であった。

BoAの日本での成功をうけて、東方神起ら第二世代が日本へ進出した。第二世代とは二〇〇〇年代中盤から二〇一二年頃までにデビューした世代を指す。

韓流ブームを経験していた日本には、韓国芸能人を受容する基盤が形成されていた。日本をはじめ海外でもＩＴ化が進んだことで、先駆けてＩＴ化を進めてきた経験を対外的なビジネスで活かすことができるようになった。

特にスマートフォンやプラットフォームとしてのＳＮＳ、YouTubeはこの時期に普及し、Ｋ－ＰＯＰの越境に大きな役割を果たした。日本進出においても、初期の東方神起ではオフラインのライブがＫ－ＰＯＰの拡散にとって重要であったが、少女時代やＫＡＲＡが日本に進出した二〇一〇年頃になるとYouTubeによる拡散が重要となっていた。

サイ「江南スタイル」（2012年）

二〇一二年におけるサイの「江南《カンナム》スタイル」の欧米での成功も、YouTubeの力なしにはあり得ないことであった。

†多国籍化する第三世代

これに続く第三世代は二〇一三年頃から二〇一七年頃までにデビューした世代である。この世代の越境に欠かせないのが「多国籍化」と「YouTube」である。

日本や中国など、アジアではすでにＫ－ＰＯＰが一定の評価を受けており、デビュー前から海外進出は目標ではなく前提となっていた。そのために複数の言語を話せるメンバーや外国人メンバーがいるグループが増えてきたのもこの世代である。TWICEはその好例であろう。

TWICEが所属するJYPエンターテインメントは、かつて第二世代の女性グループWonder Girlsをアメリカに進出させようとしたが、思ったような成果を挙げることができなかった。JYP率いるJ.Y.Parkはその原因の一つを、コニュニケーションを担う現地人メンバーが不在であったからだと考えた。

Wonder Girlsのメンバーはもちろん、アメリカ進出前に英語を学び、現地では英語のインタビューに答えていた。しかし、現地の人々の言葉遣いやジェスチャーなどは「学んだ」外国語では限界があると考えたのであった。

そこでJYPでは海外進出のために、外国人メンバーを積極的に導入する方針をとるようになった。すでに、JYPでは二〇〇八年デビューの第二世代男性グループ2PMでタイ人のニックンをメンバーにして、「タイ語を話すK-POPスター」としてタイで人気を得ていた。

この成功例をベースに第三世代のTWICEでは日本人三人と台湾人一人をメンバーとする多国籍化を図ってコミュニケーションの幅を広げ、近隣の日本や中華圏での人気獲得

ICEは第二次K－POPブームの火付け役となったのである。

を狙った。これは見事に成功し、日韓関係悪化により「嫌韓」の時代にあった日本でTW

†第三世代によるYouTubeの活用

他方、アジアを超えてより広い地域へK－POPを広めるために、YouTubeで戦略的にコンテンツ配信をすることは、第三世代の時期までには必須となっていた。これを積極的に活用したのがBLACKPINKである。

BLACKPINKが所属するYGエンターテインメントには、かつてサイが所属していた。サイの「江南スタイル」がYouTubeを通じて世界的なヒット曲となっていくのを目の当たりにしたYGエンターテインメントは、プロモーションにおけるYouTubeの重要性を認識していた。

その上で、BLACKPINKのデビューにあたってYouTubeを最大限に活用したのである。デビュー一カ月前にあたる二〇一六年七月に、彼女たちの練習風景を段階的に先行公開し、YouTubeユーザーの関心を集めた。

これにより、彼女たちはデビュー前から海外でも注目されるようになった。YGからこれからデビューする新人の優れたダンススキルを観たユーザーは、SNSでこれをシェアした。当時、シェアされた動画にはあらゆる言語のコメントが付されていた。

このような先行プロモーションを経て、二〇一六年八月にBLACKPINKはデビューした。デビュー曲のリリース当日、音源サイトでアクセス可能になったのは韓国時間で夜八時であったが、わずか四時間後の一二時にはすべての音源チャートで一位となった。

その後のBLACKPINKは世界のトレンドリーダーに成長したが、その原点はYouTubeの積極的な活用にあったのである。デビュー後も世界的なYouTubeクイーンとして圧倒的な動画再生回数を誇っている。

彼女たちがYouTubeに強い理由の一つとして、メンバーの言語能力がある。四人のメンバーのうちジェニはニュージーランド留学経験があり英語が堪能、ロゼはオーストラリア育ちで英語と韓国語のバイリンガル、リサはタイ出身でタイ語と英語など韓国語以外に複数の言語が話せる。YouTubeのユーザーはアメリカと東南アジアが多数を占めているので、英語やタイ語に強いBLACKPINKはYouTubeというプラットフォームにフィットしやすかったのではないかと考えられる。

YouTubeのような新たなプラットフォームに対応していくことは、今後のK‐POPにとって極めて重要である。

SMエンターテインメントの李秀満は、二〇一六年に「NCT」（= New Culture Technology ＝新たな文化技術）とこれを基盤とした「コミュニケーション」をＳＭの未来戦略として語っている。ＳＭの男性グループ「ＮＣＴ」（Neo Culture Technology）のグループ名には、このような未来戦略を反映させたいという李秀満の思いが込められている。

2　ＢＴＳ成功の背景――メッセージ性と異種混淆性

†ＢＴＳの成功

今日のＫ－ＰＯＰの世界化を語る上で、ＢＴＳ（防弾少年団）に触れないわけにはいかないだろう。

まず、ＢＴＳが成功するまでの歩みを簡単にたどってみよう。

彼らがデビューした当時、所属事務所の Big Hit エンターテインメント（現在のＨＹＢＥ）は大手事務所どころか一歩間違えれば潰れてしまうような小規模事務所であった。そのため、ＢＴＳが当初求められたのは世界進出でも、トップスターでもなく、「事務所を潰さないこと」であった。

事務所を二〇〇五年に創設したパン・シヒョクは、もとはＪＹＰエンターテインメントの一社員であった。彼は二〇一〇年に防弾少年団のメンバーを募集するヒップホップ・オーディションを開催し、合格者を練習生として採用して、さらに現在のメンバーまで絞り込んだ。

こうして彼らがデビューしたのは二〇一三年六月一三日で、デビュー曲は「NO MORE DREAM」であった。この曲は九〇年代のギャングスタ・ラップを現代風に再解釈したもので、デビュー当時の防弾少年団の路線はアイドル的でありつつもヒップホップ寄りであった。

メンバーは最年長で二〇二三年一月現在は兵役に就いているジン（九二年生まれ）、リードラッパーのシュガ（九三年生まれ）、メインダンサーのJ－HOPE（ジェイ・ホープ、九四年生まれ）、リーダーのRM（アール・エム、九四年生まれ）、リードボーカルでラップもこなすジミン（九五年生まれ）、ビジュアル担当のサブボーカルであるV（ヴィ、九五年生まれ）、メインボーカルかつリードダンサーでラップもこなすジョングク（九七年生まれ）の七人で構成されている。

彼らは、二〇一三年から翌年初頭にかけて韓国内で開催された三つの音楽賞で新人賞を受賞し、二〇一四年六月には韓国デビュー曲「NO MORE DREAM」の日本語版で日本デビューした。

二〇一五年四月にリリースしたサード・ミニアルバム『花様年華 Pt.1』では、これまでのヒップホップを前面に出したイメージから、より親しみやすい大衆性をもった音楽へと移行していく。二〇一七年頃からは日本とともにアメリカでの活動を開始して活躍の舞台を世界に広げ、二〇一八年五月にはサード・フルアルバム『LOVE YOURSELF 轉 'Tear'』で「ビルボード200」一位をアジア出身者で初めて獲得した。

BTS『花様年華 Pt.1』日本仕様盤（2015年）

こうしてBTSは世界で活躍するK－POPスターとなっていった。

†純粋でストレートなメッセージ性

では、BTSが世界で成功していった理由はどこにあるのだろうか。まず一つ目に挙げられるのが「強いメッセージ性」である。

「防弾少年団」という名前には「一〇～二〇代への偏見をくいとめ、音楽的な価値を守る」という意味がある。グループ名からもうかがい知ることができるように、BTSはソテジ・ワ・アイドゥル以来の伝統「闘う大衆音楽」の継承者である。

BTSが発するメッセージは、歌詞や普段の言葉、MCなどにちりばめられ、これを聴いた若者たちが宗教や国、民族の壁を超えて共感している。そこには現代を生きる若者たち、さらには世代を超えて共有し得るような人間の挫折や不安、寂しさといった感情に共感し、それを包み込む力がある。つらい時にそばにいて慰めてくれているような、そんな力を若者たちは彼らの発するメッセージに感じている。

メンバーのRMが二〇一八年に国連で行ったスピーチもそのような内容であった。それは決して「失敗するな」「強くなれ」というようなマッチョなものでない。彼は人生における失敗について「自分自身であり、人生という星座を形作る最も輝く星」（ユニセフHPより）だと表現した。

失敗したり悩んだりすることもまた、自分自身の姿であり、それが自分の人生を作っていくものなんだというのである。

「Answer: Love Myself」という曲では、「誰かを愛することよりも、自分を愛する方が難しいのではないか」と語りかける。そして、自分のために歩むことの大切さを伝える。このような言葉を爽やかな歌声に乗せることでより心に響くメッセージへと変える。

さらに社会的問題についても彼らは積極的に発信する。例えば二〇二〇年の黒人差別反対に賛同してBLM運動に一〇〇万ドルを寄付している。この時はBTSのファンダムである「アーミー」も同額の寄付を行った。

また、コロナ禍の欧米ではアジア人に対するヘイトクライムが続発したが、それに対しても彼らはグループの公式ツイッターアカウントで抗議のメッセージを発している。そのメッセージでは、自分たちが欧米で罵《ののし》られ、見た目を嘲笑われた経験を綴り、アジア人に対する憎悪や暴行を批判している。投稿には「#StopAsianHate」「#StopAAPIHate」とタグ付けした。

このようなメッセージ性は、女性グループの「ガールクラッシュ」にもみられる特徴で、女性が「自分らしく生きること」をみずから高らかに歌う姿が同じ女性たちからの共感を呼んでいる。

このような純粋でストレートなメッセージは、洋楽の世界では以前から「青臭くてカッコ悪い」というようなイメージで受け取られる傾向があり、むしろ避けられてきた。ところが、先行きのみえない時代に生きる若者たちにとって、K‐POPが歴史的に形成し続けてきた純粋でストレートなメッセージ性が心に刺さるからこそ、K‐POPは魅力的に感じられ、世界の人々を熱狂させる要因となっているのである。

九〇年代に形成された「闘う大衆音楽」は、K‐POPの世界化に大きな意味をもち続けているのだ。

†異種混淆性が音楽文化を強くする

Ｋ－ＰＯＰのもう一つの強みは、韓国が外来音楽を受容する過程で身につけた異種混淆性である。これまで本書でみてきたように、一九世紀に西洋音楽を導入する過程から、韓国は欧米や日本からさまざまな要素を導入し、これを混淆させながら新たなものを作り出そうとしてきた。

Ｋ－ＰＯＰもまた、さまざまな音楽文化が混淆した結果として生まれたものである。少し議論を単純にするため、ざっくりとした説明になることをお許し願いたい。

Ｋ－ＰＯＰ第一世代のH.O.T.はアメリカのダンス音楽など洋楽の要素と、日本のアイドル音楽の要素が融合したものであるといえる。

その結果、ファンの間口が広くなるというメリットが生まれる。アイドルの「オッパ」を求める層もファンになることができ、同時に社会批判などを含むヒップホップを好む層にも食い込むことが可能となる。これにより、「洋楽」か「アイドル」いずれか片方だけの要素をもつ音楽よりもより広範な層を惹きつけることが可能になるのである。

ＢＴＳもまた、ヒップホップの要素とアイドルの要素を併せもつ混淆型アーティストであり、ほかのＫ－ＰＯＰアイドルも、それぞれのカラーの差こそあれ、どちらの要素も併せもっていることが一般的である。

日米を中心に外部から良いものを取り入れつつ、それを混淆して大衆音楽を発展させてきたのが韓国の大衆音楽である。議論が複雑にならないようにやや単純化して説明したが、実際にはもっとたくさんの音楽的要素がＫ－ＰＯＰには混淆している。だからこその強みであり、それがＫ－ＰＯＰが幅広い支持を受けている理由である。

3　世界化がもたらしたもの――「分断の時代」の大衆文化

†「分断の時代」を生きる

現代を生きる若者たちはなぜＢＴＳの歌詞に慰められるのであろうか。

その理由の一つは、新自由主義的な競争が激化し、他者による評価で自身の価値を測ろうとする習慣がいつの間にか身についてしまっているからではないだろうか。

そのような状況に置かれると、人間は自己肯定感が低下し、他者との連帯感も失われていく。

誰もいない砂漠を彷徨っているような感覚といえばいいだろうか。韓国コンテンツでいえば『イカゲーム』のような状況に放り出されているわけだ。他人が設定したゲームのなかで生き残る者、殺される者が決められ、隣人が自分のすぐ横で血を流して倒れていてもみないふり。それもまた自分が生存するための処世術なのである。

自分たちで「そんなのおかしい」と思っていても、横から誰かが「そんなこと言っていたら生きられない」と語りかけてくる。やがて、その声はいつしか自分の心の声となって内面化されてしまう。

新自由主義的な極端な競争主義が招いた自己肯定感の欠如と他者への徹底的な無関心、これが人々を分断していったのだ。

†なぜ人々はK-POPを聴くのか

このような時代にBTSは「自分を愛すること」の大切さを説く。まるで砂漠に水を撒くようなことであるが、音楽によって、そして音楽をネットでシェアし、そこにコメントをする人々によって、その声はこだましていく。

それは音源の売り上げなどの単なる経済的価値とは異なる別の価値をも生み出している。「自分は一人じゃない」「自分はここにいていいんだ」、そんな声をK-POPが伝えている。そして人々を分断するさまざまな社会的イシューに異議申し立てをする。

バラバラになった社会を結びつけるもの、失われた他者との共感、そして自分自身への愛情、そういったものを蘇らせようという叫びがK－POPにはある。

それは「音楽市場が狭いから」実現したわけでもなく、「政府が支援しているから」可能になったのでもない。市場の狭さは海外へと進出する動機にはなるが、だからといって海外の人々がその音楽を自動的に受容するわけではない。政府の支援も然りである。

K－POPには多様な音楽的要素を取り入れ、植民地支配や戦争、独裁、そして現在の新自由主義といった社会的苦難に向き合いつつ、人々の苦しみや悩みに寄り添い、自由を求めてきた歴史がある。だからこそ、世界の人々はK－POPを聴き、魅力を感じるのである。

あとがき

「歴史のなかのＫ－ＰＯＰ」について書いてみたい、そのような思いがここ数年強くなっていた。

　思い返せば、私がＫ－ＰＯＰに出会ったのは一九九五年夏、大学時代のことであった。ソウルを訪問して街で流れる音楽がとても気になった。ヒップホップ世代の私はそれまでアメリカのヒップホップ、さらにはフランスなどヨーロッパのヒップホップをよく聴いていた。

　九〇年代の韓国はヒップホップが非常に盛んで、実は世界的なヒップホップ大国であった。初めて耳にした時、欧米のヒップホップとは異なる、どこか親しみやすいリズムを感じた。そこからＫ－ＰＯＰへと発展する途上にあった韓国の音楽に「沼オチ」するまでは一瞬であった。

　当時はまだ仁川《インチョン》に空港はなく、ソウル訪問の際には金浦《キムポ》空港から出入国していた時代である。私は帰国間際に空港のＣＤショップに寄り、旅行会話もろくにできないながら、知っている韓国語を総動員して「いま流行っているダンス音楽のＣＤが欲しい」と伝えた。なんとか意思疎通に成功してＣＤを購入し、帰国してから何度も何度も繰り返し聴いた。これが私のＫ－ＰＯＰ初体験である。

以来、Ｋ－ＰＯＰは私の日常にいつも存在していた。

韓国で出会った音楽に衝撃を受けた大学生は、まもなく五〇歳の誕生日を迎える。いみじくも本書が出版される二〇二三年四月がその時である。私個人にとって本書の執筆は、人生の多くの時間をともにしてきたＫ－ＰＯＰという音楽を振り返る貴重な機会であった。しかしそのため、執筆しながらさまざまな思いが頭をよぎり、執筆に時間がかかってしまった。

私の能力や執筆分量の限界もあり、不十分な点があることは承知しているが、ようやく書き終えることができた。

Ｋ－ＰＯＰやそれ以前の韓国大衆音楽には、特筆すべき多くの歌手が存在する。しかし、本書では社会の変化と関連づけながら音楽の歩みを叙述するというスタイルをとったため、取り上げることができた歌手はほんのひと握りに過ぎない。

もちろん、登場しなかった歌手が韓国大衆音楽の発展に貢献していないという意味ではない。また私個人の好みに合わない、という意味でもない。現に私が過去推していた、あるいは現在推している歌手について書けていない場合も多い。

もしかするとK－POPの本ということで手に取ってくれたが、「推し」の名前が出てこなかった、とガッカリされた読者もいるかもしれない。しかし、これに対して私が詫びることは敢えてしないでおきたい。

なぜなら、「推し」のことは、私などより推しているあなたの方がよく知っているだろうからである。私はその「推し」がどのような歴史のなかで登場したのかを知るための見取り図を示したに過ぎない。

あなた自身で、その見取り図のなかの「推し」のポジションを考えてみてほしい。これまでみえなかった「推し」の姿がそこから浮かび上がれば、成功である。そうしていただくことで、本書は本当の意味で完成するのかもしれない。

一方、本書は新書という性質上、アカデミックな議論については深入りせずに書き進めた。そのため、学術的に不十分な部分があることは自覚している。これについては本書をベースにさらにアカデミックに深掘りした学術論文を後日執筆することで補いたい。

また、浅学非才を顧みずに執筆したため誤りや問題もあるかと思う。諸賢のご指導を仰ぎたい。

本書の出版に際しては、ちくま新書編集部の山本拓さんに大変お世話になった。企画段階から丁寧なアドバイスをいただき、そのお陰でここまで来ることができた。心より感謝申し上げたい。また、佛教大学の大谷栄一先生には出版にあたってお力添えをいただいた。感謝申し上げるとともに、今後ともご教導いただければ幸いである。

本書の執筆期間中、そばで協力してくれたつれあいの彩乃にお礼を言わねばならない。この場を借りて感謝の気持ちを伝えたい。

先行きがみえないと言われる日韓関係であるが、本書が日韓の相互理解と社会発展に僅かでも貢献できれば幸いである。

山本浄邦

二〇二三年一月　京都の自宅にて

主要参考文献

日本語書籍

生明俊雄『ポピュラー音楽は誰が作るのか——音楽産業の政治学』勁草書房、二〇〇四年
生明俊雄『二〇世紀日本レコード産業史——グローバル企業の進攻と市場の発展』勁草書房、二〇一六年
李鍾元、木宮正史、磯崎典世、浅羽祐樹『戦後日韓関係史』有斐閣、二〇一七年
姜信子『日韓音楽ノート——〈越境〉する旅人の歌を追って』岩波新書、一九九八年
君塚太『日韓音楽ビジネス比較論——K-POPとJ-POP本当の違い』アスペクト、二〇一二年
金成玟『K-POP——新感覚のメディア』岩波新書、二〇一八年
京都大学朝鮮語自主講座（編訳）『韓国の民衆歌謡』ウリ文化研究所、一九八八年
クォン・ヨンソク『「韓流」と「日流」——文化から読み解く日韓新時代』NHK出版、二〇一〇年
小林孝行『日韓大衆音楽の社会史——エンカとトロットの土着性と越境性』現代人文社、二〇一

九年
ジェームス・M・バーダマン、里中哲彦『はじめてのアメリカ音楽史』ちくま新書、二〇一八年
田中俊明（編）『朝鮮の歴史――先史から現代』昭和堂、二〇〇八年
趙世暎（著）、姜喜代（訳）『日韓外交史――対立と協力の50年』平凡社新書、二〇一五年
東谷護『マス・メディア時代のポピュラー音楽を読み解く――流行現象からの脱却』勁草書房、二〇一六年
中村とうよう『大衆音楽の真実』ミュージック・マガジン、一九八六年
中村とうよう『ポピュラー音楽の世紀』岩波新書、一九九九年
朴燦鎬『韓国歌謡史Ⅰ　1895-1945』邑楽舎、二〇一八年
毛利嘉孝『増補ポピュラー音楽と資本主義』せりか書房、二〇一二年
森正人『大衆音楽史――ジャズ、ロックからヒップ・ホップまで』中公新書、二〇〇八年
矢野利裕『ジャニーズと日本』講談社現代新書、二〇一六年
山本浄邦（編）『韓流・日流――東アジア文化交流の時代』勉誠出版、二〇一四年

日本語論文

金珉廷「１９７０年代以降の韓国禁止歌と韓国社会」『言語・地域文化研究』一八、東京外国語大学大学院、二〇一二年三月
山本浄邦「日本におけるＫ-ｐｏｐ受容の歴史的背景に関する一考察――１９８０年代以降東ア

ジアの変化を中心として」『コリア研究』第九号、立命館大学コリア研究センター、二〇一八年一二月

韓国語書籍

장유정、서병기『한국 대중음악사 개론』성안당、二〇一五年
야마마토 조호 외『명동 길거리 문화사』한국학중앙연구원、二〇一九年

ウェブサイト

京郷新聞（韓国語）https://www.khan.co.kr
韓国学中央研究院「韓国民族文化大百科事典」（韓国語）http://encykorea.aks.ac.kr
ハンギョレ（韓国語）https://www.hani.co.kr
松浦勝人【max matsuura】（YouTube）https://www.youtube.com/@masatomaxmatsuura
우리가요 ARCHIVE-K（YouTube）https://www.youtube.com/@ARCHIVE.K
Kstyle https://www.kstyle.com

ちくま新書
1722

K-POP現代史《げんだいし》
——韓国《かんこく》大衆《たいしゅう》音楽《おんがく》の誕生《たんじょう》からBTSまで

二〇二三年四月一〇日 第一刷発行

著者 山本浄邦（やまもと・じょうほう）
発行者 喜入冬子
発行所 株式会社 筑摩書房
東京都台東区蔵前二-五-三 郵便番号一一一-八七五五
電話番号〇三-五六八七-二六〇一（代表）
装幀者 間村俊一
印刷・製本 三松堂印刷 株式会社

ISBN978-4-480-07547-5 C0273

ちくま新書

1483
韓国　現地からの報告
――セウォル号事件から文在寅政権まで
伊東順子
セウォル号事件、日韓関係の悪化、文在寅政権下の分断……二〇一四〜二〇年のはじめまで、何が起こり、人びとは何を考えていたのか？　現地からの貴重なレポート。

1679
韓国の変化 日本の選択
――外交官が見た日韓のズレ
道上尚史
飛躍的な変化を見せる韓国とどう向き合うべきか。長く韓国に駐在し、現地事情に精通した外交官が、韓国市民の日本観を冷静に分析。日本の進むべき道を提言する。

1565
歴史認識 日韓の溝
――分かり合えないのはなぜか
渡辺延志
日本人が当事者でありながら忘れ去った朝鮮の民衆の苦難の歴史。その真相を新たな研究成果や資料をもとに探りつつ、日韓歴史認識の溝を埋める可能性を考察する。

1292
朝鮮思想全史
小倉紀蔵
なぜ朝鮮半島では思想が炎のように燃え上がるのか。古代から現代韓国・北朝鮮まで、さまざまに展開されてきた思想を霊性的視点で俯瞰する。初めての本格的通史。

1710
シン・中国人
――激変する社会と悩める若者たち
斎藤淳子
進む少子化、驚愕の結婚・住宅事情、若者世代の奮闘と苦悩……市井の人々の「ガチ素顔」を現地からレポート。圧縮された発展の激流の中で生きる中国人のリアル。

1376
はじめてのアメリカ音楽史
ジェームス・M・バーダマン
里中哲彦
ブルーズ、ジャズ、ソウル、ロックンロール、ヒップホップ……ルーツから現在のアーティストまで、その歴史を徹底的に語りつくす。各ジャンルのアルバム紹介付。

1539
アメリカ黒人史
――奴隷制からBLMまで
ジェームス・M・バーダマン
森本豊富訳
奴隷制の始まりからブラック・ライヴズ・マターが再燃する今日まで、人種差別はなくなっていない。アメリカ黒人の歴史をまとめた名著を改題・大改訂して刊行。